W0355906

DANS LA MÊME COLLECTION, AUX ÉDITIONS LEDUC.S

100 Réflexes future maman, Patricia Réveillaud, 2009.

100 Réflexes jeune maman, Mélanie Schmidt-Ulmann, avril 2010.

100 Réflexes bébé bio, Alix Lefief-Delcourt et Elisa de Castro Guerra, 2008.

Retrouvez nos prochaines parutions, les ouvrages du catalogue, des interviews d'auteurs et les événements à ne pas rater. Votre avis nous intéresse : dialoguez avec nos auteurs et nos éditeurs. Tout cela et plus encore sur Internet à :

http://blog.editionsleduc.com

Mise en page : Nord Compo, Villeneuve d'Ascq

© 2010 LEDUC.S Éditions

33, rue Linné

75005 Paris

E-mail : info@editionsleduc.com

ISBN : 978-2-84899-373-7

EMMANUEL PINON

100 RÉFLEXES FUTUR PAPA

LEDUC.S
EDITIONS

À mon bébé bonheur,
Maxime et sa maman.
À tous ceux qui contribuent
à son bien-être : ses grands-parents,
ses tantes et oncles, ses marraines
et parrains et nos proches.

Sommaire

Introduction

L'ANNONCE EST TOMBÉE : elle est enceinte ! Vous allez devenir papa ! Même si cette aventure humaine est avant tout un bouleversement physiologique, physique et émotionnel pour la future maman, il n'est pas sans conséquences pour vous et pour votre couple. Aujourd'hui, une grande majorité d'hommes veut s'impliquer durant toute la grossesse. C'est une bonne nouvelle, car c'est l'une des clés qui va rendre cette aventure plus sereine pour la maman et bien préparer l'arrivée de bébé. Mais si c'est votre premier enfant, ce sont neuf mois dans l'inconnu qui vous attendent. Ne vous faites pas d'illusions, cette période va passer très vite jusqu'à l'arrivée du bébé. Une foule de questions se bousculent déjà dans votre tête, comme dans celle de la future maman. Les neuf mois de la grossesse sont remplis de mystère et de découvertes pour le futur papa.

Ce livre vous aidera à trouver des réponses aux interrogations récurrentes des futurs papas. Il est le fruit d'une double expérience. Humaine d'abord, car je l'ai écrit durant la grossesse de ma compa-

gne jusqu'à l'arrivée de notre petit Maxime : un bébé zen, doux et tonique. Un vrai bonheur !
Journalistique ensuite, car j'ai enquêté et écrit des articles pour les futurs papas et nouveaux pères durant deux ans pour un magazine spécialisé, *Bébé Zen*.

Vous trouverez ainsi des réponses à vos questions, réponses issues de ma propre expérience, car j'étais aux premières loges de cette aventure. Des astuces pratiques et ludiques, mais aussi des conseils recueillis auprès de spécialistes que j'ai pu rencontrer : gynécologues, obstétriciens, sages-femmes, puéricultrices, kinésithérapeutes, psychologues, etc., mais aussi des agents de la Sécurité sociale ou de la Caisse d'allocations familiales.
Pour chaque point, vous trouverez des informations essentielles, avec les bons réflexes à adopter et ceux à bannir : alimentation, rendez-vous médicaux, psychologie, sexualité, administration, préparation de la chambre de bébé, sans oublier le moment crucial de l'accouchement, etc. Mais aussi des témoignages de futurs papas, des focus pratiques, administratifs ou santé, et comment tordre le cou à certaines idées reçues, souvent fausses. Ce livre vous permettra de faire face à chaque situation durant les trois trimestres de la grossesse, mais également d'être au point pour les premiers jours de bébé à la maison, vous aidant ainsi à créer une relation solide avec votre enfant tout en soulageant la maman.

En fin d'ouvrage, n'hésitez pas à consulter les liens des sites Internet qui vous seront utiles durant ces neuf mois, ainsi que le glossaire reprenant tous les mots plus ou moins compliqués de la grossesse. Vous passerez alors pour un pro très impliqué face aux médecins, aux sages-femmes, ou face à votre compagne !

Et parce qu'il n'y a pas une grossesse qui ressemble à une autre, ce livre s'adresse aussi bien à ceux qui deviennent papa pour la première fois qu'à ceux qui vivent l'arrivée d'un autre enfant.

C'est enfin et surtout un ouvrage à lire à deux, avec votre compagne, pour mieux la comprendre, l'épauler et la soutenir. C'est peut-être même elle qui vous l'offrira. Elle pourra aussi découvrir vos propres interrogations et échanger avec vous, car pour votre couple, le dialogue est primordial. Vous profiterez mieux à deux de cette fantastique aventure pour mieux la vivre à trois. Car une autre histoire tout aussi extraordinaire commence quand bébé est là. Vous passez de futur papa à nouveau père !

En attendant ces moments riches en émotions, bonne lecture et heureuse grossesse !

Neuf mois où, même si madame est forcément nominée pour le premier rôle comme future maman, vous pouvez tout faire pour obtenir la palme du meilleur papa, tout en restant un fantastique compagnon !

Retrouvez des témoignages de futurs papas, des articles sur les nouveaux pères, et laissez vos réactions sur le blog :

http://futurpapa.over-blog.fr

Partie 1

Premier trimestre

1 J'APPRENDS QUE JE VAIS DEVENIR PAPA : LE CHOC !

Ça y est, c'est fait ! Vous vous étiez pourtant promis de rester l'homme fort que vous prétendez être auprès de vos amis supporters de l'OM. Mais vous n'avez pas pu empêcher vos yeux de s'embuer quand elle a vous a annoncé que vous alliez devenir papa ! Et alors ? Vous avez bien le droit d'être ému, vous aussi, quand vous apprenez une nouvelle qui va chambouler votre vie !

Que se passe-t-il ?

Découvrir qu'on va devenir parents dans les neuf prochains mois ne peut être vécu de la même façon par un homme et par une femme. Un tel bouleversement entre dans la nature des choses pour une femme qui l'a désiré. Mais la réaction d'un homme n'est pas toujours celle escomptée et reste parfois incomprise par sa compagne.

Certains représentants de la gent masculine sont très heureux et l'expriment haut et fort, mais d'autres se trouvent comme sidérés.

Quand il apprend qu'il va devenir père, un homme peut éprouver de la peur. Peur de devoir être responsable de la vie de son enfant, et peur de perdre sa liberté et son insouciance.

L'annonce de la grossesse peut aussi provoquer des chocs psychiques chez certains hommes. Parfois, ils prennent même la fuite.

Tout simplement parce qu'entre le désir de paternité et le sentiment d'être père, il y a parfois un gouffre.
Pour devenir père, un homme doit accepter de se placer dans une position de transmission, comme l'ont fait ses parents avant lui. Il doit admettre sa responsabilité dans la chaîne des générations.

Quelle attitude adopter ?

Soyez vous-même ! Vous avez le droit de craquer, de vous interroger, de vous projeter ! Après tout, même si vous avez toujours joué les gros durs, vous êtes, vous aussi, balayé par cette immense émotion suscitée par la naissance prochaine de votre enfant.

Et à bannir ?

Dans la mesure du possible, évitez le fou rire, qui risque d'être mal interprété par la future maman !
Mais, pour une fois, vous avez le droit de faire preuve de votre légendaire retard à l'allumage ! Alors ne paniquez pas si vous mettez du temps à comprendre ce qu'elle vous dit quand elle vous suggère de remplacer votre bonne vieille moto par une voiture familiale !
Cependant, ne fuyez pas, même si la peur vous étreint : c'est une réaction normale, mais qui risque de blesser votre compagne si vous quittez la pièce sans un mot.
Pour autant, un mâle reste un mâle, même en de pareilles circonstances. Il est donc clairement conseillé aux futures mamans d'éviter certains instants pour annoncer *the* bonne nouvelle : un futur père en train de s'arracher les cheveux sur sa déclaration d'impôts ne sera pas forcément à même d'apprécier la nouvelle comme il se doit…

Vincent, 28 ans : « Mon amie a toujours adoré faire des surprises, mais celle-ci a largement surpassé toutes les autres ! Nous avions décidé ensemble d'avoir un enfant, mais je croyais avoir encore un bon jour de répit devant moi quand elle a décidé de faire un test de grossesse seule après mon départ au travail. Lorsqu'elle a constaté qu'il était positif, elle l'a pris en photo avec son portable de crainte que le fameux petit trait ne disparaisse... Elle a glissé la photo avec le test dans sa boîte et emballé le tout dans du papier cadeau, qu'elle a délicatement posé dans mon assiette au moment du dîner... Homme commun que je suis, je n'ai pas réalisé immédiatement, en ouvrant la boîte, que j'allais devenir... papa ! Autant dire que ma faim de loup a disparu comme par enchantement ! »

2 LES CONTRE-INDICATIONS DES MÉDICAMENTS N'ONT PLUS DE SECRET POUR MOI

Certains médicaments peuvent avoir des effets nocifs sur le fœtus ou l'embryon. La période la plus sensible correspond aux deux premiers mois pendant lesquels les organes de votre futur bébé se forment.

Que se passe-t-il ?

De nombreux médicaments peuvent passer la barrière du placenta, perméable à l'oxygène, aux nutriments, mais aussi aux substances nocives. Il faut principalement bannir ceux qui vont se retrouver dans la circulation sanguine : les médicaments utilisés de manière orale, transcutanée, rectale, sublinguale et injectable.

La prudence reste également de mise concernant les autres voies d'administration.
Heureusement, tous les médicaments pris pendant la grossesse n'ont pas forcément des conséquences dramatiques.
Néanmoins, certains d'entre eux peuvent être à l'origine de malformations ou s'avérer toxiques pour l'enfant *in utero*. D'autres favorisent aussi parfois l'apparition de contractions utérines, ce qui peut entraîner une fausse couche ou une naissance prématurée…

Quelle attitude adopter ?

Bien entendu, il est préférable de ne pas prendre de médicaments durant la grossesse. Si votre compagne a malgré tout quelques soucis de santé, elle peut opter pour des solutions non pharmaceutiques. Si son rhume ou sa fièvre ne disparaissent pas, conseillez-lui de consulter son médecin. C'est le seul à savoir quels sont les médicaments autorisés ou interdits.
Face à son praticien, à un pharmacien ou à tout autre professionnel de santé, elle ne doit jamais oublier de signaler qu'elle est enceinte.

Et à bannir ?

L'automédication est formellement déconseillée !
De la même façon, les femmes qui souffrent d'une maladie chronique ne doivent pas arrêter leur traitement, quand elles apprennent qu'elles sont enceintes, avant d'avoir consulté leur médecin.

Pour en savoir plus
A-t-elle droit aux anti-inflammatoires ?

➔ Surtout pas ! L'Agence française de sécurité sanitaire des produits de santé (AFSSAPS) rappelle qu'il est contre-indiqué de prendre des anti-inflammatoires non stéroïdiens à partir du sixième mois de grossesse. Cela concerne notamment l'aspirine, l'Ibuprofène et les anti-COX-2, ainsi que tous les médicaments dits « anti-inflammatoires non stéroïdiens » (AINS).

3 JE FUME DEHORS OU, MIEUX ENCORE : J'ARRÊTE !

Autant vous le dire tout de suite : tabac et grossesse constituent une combinaison à haut risque ! Il est vrai que les futures mamans ont une motivation plus forte pour arrêter. Néanmoins, un quart d'entre elles continuent de fumer malgré leur grossesse, et ont d'autant plus de mal à arrêter que leur conjoint est lui aussi un fumeur invétéré !

Que se passe-t-il ?

La cigarette est un des facteurs qui augmentent le risque de grossesse extra-utérine. La nicotine contenue dans la cigarette a, en effet, une action toxique sur la mobilité tubaire. Autrement dit, l'œuf fécondé n'est pas acheminé jusqu'à la cavité utérine et le début de grossesse se termine par une fausse couche.

Chez celles qui fument plus de vingt cigarettes par jour, le risque de fausses couches spontanées est de 20 %. La nicotine perturbe le travail des hormones essentielles au fonctionnement de l'endomètre, la muqueuse interne de l'utérus.

D'autre part, les substances nocives contenues dans les cigarettes franchissent la barrière placentaire. Elles provoquent un retard de croissance intra-utérine.

Une fois votre bébé venu au monde, il n'est pas encore sorti d'affaire. En effet, le risque de mort subite du nourrisson est deux fois plus élevé si la mère a fumé pendant la grossesse.

Si votre compagne décide d'arrêter de fumer, ne croyez pas pour autant que ça vous dispense de faire de même. Le tabagisme passif est lui aussi dangereux pour votre futur petit bout.

Quelle attitude adopter ?

Et si vous décidiez d'arrêter de fumer à deux ? Pour vous débarrasser de cette vilaine habitude, buvez un verre d'eau à chaque envie de cigarette ou mâchouillez un chewing-gum sans sucre.

Des activités relaxantes comme le yoga, la sophrologie, la marche ou la piscine sont également conseillées pendant le sevrage.

La lecture, le bricolage ou les loisirs créatifs vous permettront également d'occuper vos mains ! Profitez-en aussi pour réduire votre consommation de café, souvent parallèle à la cigarette.

Enfin, les consultations antitabac peuvent vous aider à arrêter de fumer. Les approches psychologiques et/ou comportementales d'aide et d'accompagnement ont fait leurs preuves.

L'acupuncture, ainsi que les substituts nicotiniques sous forme de gommes, de patchs ou de tablettes, sont également conseillés et peuvent être utilisés chez la femme enceinte.

Et à bannir ?

Ne vous autorisez pas à fumer dans la maison en l'absence de la future maman ! La fumée nocive du tabac se dépose sur les vêtements et les meubles.

Si vous ne souhaitez pas arrêter, fumez à l'extérieur et faites-en une règle à suivre pour vos amis. Obligé de vous réfugier sur le balcon, vous avez toutes les chances de réduire votre consommation, ne serait-ce que l'air frais hivernal qui aura eu raison de votre addiction.

Ne décidez pas d'arrêter la cigarette tout seul sous prétexte que vous êtes un homme, un vrai ! Fumer entraîne une véritable dépendance dont vous ne pouvez guérir qu'entouré par des professionnels. Certes, certains fumeurs y arrivent, mais ils sont loin d'être majoritaires. Alors, que diable, ne refusez pas les aides qui existent !

Le saviez-vous ?

Fumer plus de vingt cigarettes par jour augmente d'au moins 50 % le risque d'accouchement prématuré. On parle de prématurité lorsque la future maman risque d'accoucher avant 37 semaines d'aménorrhée (absence de règles).

4 JE SURVEILLE MA CONSOMMATION DE BIÈRE POUR LA SOUTENIR

Consommer de l'alcool pendant la grossesse a des incidences très directes sur le développement du fœtus. Aujourd'hui, les médecins préconisent la tolérance zéro pour les femmes enceintes.

Que se passe-t-il ?

Une consommation d'alcool pendant la grossesse, même modérée, peut entraîner des risques importants pour l'enfant à naître. L'alcool agit sur l'embryon et le fœtus, notamment sur son système nerveux et son cerveau. L'alcool passe du sang maternel vers le sang du fœtus, à travers le placenta. Lorsqu'une femme enceinte boit un verre, le sang de son bébé contient rapidement autant d'alcool que le sien, voire même davantage.
Les effets de l'alcool sur le fœtus sont nombreux. Une consommation quotidienne d'alcool ou des ivresses épisodiques pendant la grossesse sont, en effet, susceptibles d'entraîner des complications (retard de croissance du fœtus, accouchement prématuré).
Mais cela peut aussi provoquer des troubles psychiques ou comportementaux chez le futur bébé, tels que les troubles d'apprentissage, de la mémorisation, de l'abstraction, de l'attention, etc.

Quelle attitude adopter ?

Si vous et votre compagne êtes des bons vivants, il va falloir lui donner un coup de main en ce qui concerne l'alcool. À la maison, redécouvrez les joies des jus de fruits ; en soirée, refusez poliment le verre d'alcool qu'on vous propose : elle se sentira moins seule !

Rassurez-vous : vous n'êtes pas obligé de rentrer dans les ordres pour autant ! Profitez des soirées foot exclusivement masculines pour retrouver vos meilleures amies les bières !

Et à bannir ?

Ne l'incitez pas à accepter des verres de vin sous prétexte que le syndrome d'alcoolisation fœtale ne concerne que les grosses buveuses. Même à petites doses, l'alcool peut avoir des conséquences sur le fœtus.
À l'inverse, ne la blâmez pas si elle trempe ses lèvres dans un verre de champagne à Noël !

Le saviez-vous ?

En application de l'arrêté ministériel du 2 octobre 2006, un message sanitaire à destination des femmes enceintes, préconisant l'absence de consommation d'alcool, est apposé sur toutes les unités de conditionnement d'alcool depuis le 3 octobre 2007.
Ce message peut prendre deux formes : un pictogramme, illustrant le zéro alcool pendant la grossesse, et une phrase d'information (« La consommation de boissons alcoolisées pendant la grossesse, même en faible quantité, peut avoir des conséquences graves sur la santé de l'enfant »).

5 ELLE A 40 ANS : ÇA POSE PROBLÈME ?

Votre compagne entame sa première grossesse, ou bien elle est déjà maman mais d'un enfant qui n'est pas le vôtre... Rassurez-vous, il n'est (presque) jamais trop tard pour faire des bébés !
Les années ont passé, et alors ?

Que se passe-t-il ?

Après 35 ans, il est possible que bébé tarde à venir ou qu'il présente un handicap...
C'est en effet à partir de cet âge que la fertilité diminue, tandis que le risque de trisomie 21 augmente.
De même, le risque de fausse couche augmente avec le temps. Mais une fois le premier trimestre passé et les tests de dépistage des différentes anomalies réalisés, la grossesse tardive devient presque... banale ! Cependant, elle reste à surveiller de plus près, certaines femmes étant plus sujettes avec l'âge à des maux du type diabète, fibromes, tension élevée...
Autre particularité : les femmes qui désirent un enfant vers l'âge de 40 ans ont souvent recours à des stimulations ovariennes, ce qui favorise les grossesses multiples. Enfin, le nombre de césariennes augmente également avec l'âge.

Quelle attitude adopter ?

Soyez particulièrement attentif aux soucis de santé rencontrés par votre compagne, mais ne paniquez pas pour autant : les grossesses

tardives sont plus suivies que les autres et des professionnels sont à votre écoute pour soulager vos angoisses.
Éventuellement, choisissez un gynécologue obstétricien et une clinique ou un hôpital habitués à suivre des grossesses tardives.

Et à bannir ?

Ne vous souciez pas des remarques acerbes de certains. Avoir un enfant à 40 ans présente aussi des avantages. Tout d'abord, vous êtes plus stables dans votre couple, mais aussi dans votre travail et à la maison ! Il vous est donc plus facile d'accueillir un petit bout.
Vous êtes aussi plus sages même si ce n'est pas l'avis de votre mère !
Avec votre compagne, vous prenez plus de précautions que les jeunes parents…
Enfin, vous en avez de la chance ! Parce qu'il lui reste moins de temps, votre compagne sera sûrement plus motivée et moins plaintive que les futures mamans plus jeunes.

Laurent, 41 ans : « Après sept ans d'attente et de traitements divers contre la stérilité, ma compagne a accouché d'un magnifique petit garçon qui remplit notre vie de bonheur. Cette grossesse "tardive" n'a pas été voulue ainsi, car nous n'arrivions pas à avoir d'enfants, mais heureusement la nature est bien faite et juste avant de commencer les FIV, elle est tombée enceinte tout à fait naturellement ! Elle a vécu une grossesse de rêve, très surveillée par son gynécologue, mais sans aucun problème. »

6 LISTÉRIOSE, TOXOPLASMOSE ET RUBÉOLE : NOS TROIS ENNEMIES

Certaines infections sont particulièrement dangereuses pendant la grossesse : c'est le cas de la listériose, de la toxoplasmose et de la rubéole.

Que se passe-t-il ?

La listériose est une maladie infectieuse provoquée par une bactérie présente dans l'alimentation. Mais la *Listeria monocytogenes* se loge également sur les ustensiles et dans les placards de cuisine, et même dans les frigos. Elle est particulièrement dangereuse chez les femmes enceintes. Lorsque la bactérie parvient à atteindre le fœtus, les conséquences sont souvent lourdes : fausse couche, accouchement prématuré, voire mort *in utero* du bébé.
Chaque année, plus de 2700 femmes enceintes sont infectées par la toxoplasmose, avec un risque de 25 à 30 % de transmettre la maladie au fœtus. Non sans conséquences, car parmi les troubles occasionnés à la naissance, bébé est susceptible de présenter des lésions oculaires. La toxoplasmose, elle, se transmet principalement via les aliments infectés par un parasite du nom de *Toxoplasma gondii*. Il peut aussi se cacher dans les excréments de félidés, et donc dans la litière du chat.
Enfin, la rubéole, qui passe souvent inaperçue chez l'enfant, peut être gravissime pour le fœtus, car elle peut causer des anomalies congénitales telles que la cataracte, la surdité ou les malformations cardiaques.

Quelle attitude adopter ?

Pour prévenir la listériose, lavez consciencieusement les fruits et légumes, ou consommez-les de préférence cuits.
Faites également bien cuire la viande et le poisson, et lavez votre frigo une fois tous les quinze jours avec une éponge neuve et de l'eau de Javel.
Consommez les aliments le jour même de leur ouverture et soyez particulièrement vigilant sur le contenu de l'assiette de votre compagne !

Et à bannir ?

Pour éviter la listériose, bannissez de son alimentation les fromages, même fondus, les viandes crues et la charcuterie, les poissons crus, les crustacés et leurs dérivés (surimi, tarama…).
Pour prévenir la toxoplasmose, ne laissez pas votre compagne s'occuper de la litière du chat. Dans l'idéal, changez-la tous les jours sans oublier de laver la caisse à l'eau bouillante. Évitez aussi d'entreposer le bac à litière dans la cuisine.

Le saviez-vous ?

Lors de la première visite médicale obligatoire, le médecin prescrit une prise de sang qui permet de vérifier la sérologie de votre compagne afin de savoir si elle est immunisée contre la rubéole et la toxoplasmose.

7 NOUS AVONS UNE PEUR PANIQUE DE LA FAUSSE COUCHE

Pour toute femme, une fausse couche est une expérience douloureuse, même lorsqu'elle intervient au début de la grossesse. Pour le futur père aussi, bien entendu, même s'il ne ressent pas les choses de la même manière.
Pour autant, il ne s'agit pas de céder au catastrophisme !

Que se passe-t-il ?

Plusieurs facteurs peuvent intervenir dans le déclenchement d'une fausse couche. Tout dépend aussi du stade d'avancée de la grossesse.
La fausse couche précoce survient la plupart du temps lorsque l'embryon présente une anomalie, le plus souvent chromosomique.
Au-delà de trois mois de grossesse, la fausse couche peut être due à une anomalie anatomique de la mère. Il se peut aussi que le fœtus présente une malformation ou qu'il lutte difficilement contre une infection. Parmi les autres causes possibles, on cite également le *placenta prævia* (mauvaise position du placenta) ou encore une origine immunologique.
Les signes d'une fausse couche diffèrent eux aussi selon le stade d'avancée de la grossesse.
En cas de fausse couche précoce, des saignements peuvent apparaître sous la forme d'une hémorragie brutale et continue. Ce peut être également de fortes douleurs, des crampes, ou bien la disparition des signes de grossesse.
Après trois mois de grossesse, certaines femmes ressentiront les mêmes symptômes que ceux d'un accouchement, avec des contractions douloureuses, régulières, et la perte des eaux. Des saignements peuvent aussi donner l'alerte.

Quelle attitude adopter ?

Dans tous les cas, au moindre doute, il ne faut pas attendre pour consulter : direction les urgences pour s'assurer que le bébé est en bonne santé.
Si votre compagne a effectivement fait une fausse couche, il faut tout d'abord comprendre ce qui s'est passé.
D'autre part, n'hésitez pas à laisser votre souffrance s'exprimer : cela peut vous aider à passer ce cap douloureux.
Enfin, ne perdez pas de vue la notion de couple : ne restez pas dans la souffrance chacun de votre côté.

Et à bannir ?

Ne tirez pas de conclusions hâtives : des saignements ou l'absence de mouvements du bébé ne sont pas forcément synonymes de mort fœtale *in utero*. Un avis médical est indispensable.

Franck, 27 ans : « Ma compagne a fait quatre fausses couches. Les deux premières ont eu lieu aux alentours de cinq semaines et les deux autres à quatre mois de grossesse. C'est surtout la dernière fausse couche qui a été très dure, car nous nous étions mis en tête que cette grossesse se passerait bien.
Nous nous sommes alors demandé si nous allions retenter l'expérience tant la souffrance avait été vive ! Mais l'envie de bébé a été plus forte !
La tentative suivante fut la bonne, même si la grossesse de Nathalie a été difficile. Mais quand je vois aujourd'hui le sourire de ma petite Malia, je me dis que tous ces combats en valaient la peine ! »

Le saviez-vous ?

Lors d'une fausse couche, certaines femmes ne ressentent aucun symptôme particulier. C'est au cours d'une échographie de contrôle qu'elles apprennent alors la mauvaise nouvelle.

8 ELLE PASSAIT DES HEURES AU TÉLÉPHONE AVEC SA MÈRE ; DÉSORMAIS, ELLES SONT CONNECTÉES 24 H/24...

Meilleures amies ou meilleures ennemies ? Les relations entre mères et filles ne sont jamais de tout repos. La mère de votre compagne est quasiment son clone ! Elles étaient déjà très proches ; désormais, elles sont inséparables et vous avez cessé depuis belle lurette de réclamer le téléphone le soir ! Non, ne craquez pas !

Que se passe-t-il ?

Pour de nombreuses femmes, attendre un enfant permet de vivre totalement leur féminité. En concevant elles-mêmes un enfant, puis en le mettant au monde, elles deviennent en quelque sorte l'égale de leur mère.

Mais la grossesse renvoie aussi à sa propre enfance, et donc éventuellement aux conflits non réglés. C'est pourquoi certaines femmes craignent d'annoncer leur grossesse à leur mère, quand d'autres s'éloignent du milieu familial pour vivre leur grossesse sereinement.

Mais fort heureusement, les relations mère/fille durant la grossesse ne sont pas toujours conflictuelles. En donnant la vie, une femme inscrit aussi son enfant au sein d'une famille avec son histoire propre. Soutien indéfectible, sa mère peut alors lui apporter sa propre expérience et l'aider au quotidien.

Quelle attitude adopter ?

Si votre belle-mère est trop présente, affirmez-vous ! C'est normal que votre compagne entretienne des relations privilégiées avec sa mère, mais cette dernière ne doit pas en profiter pour s'immiscer dans votre couple !
Une relation mère/fille trop intime peut, en effet, exclure complètement le futur papa. Communiquer avec votre compagne est le meilleur moyen de trouver le bon équilibre.

Et à bannir ?

Ne vous braquez pas : ce n'est pas en demandant à votre compagne de choisir entre sa mère et vous que le calme va revenir.
À l'inverse, n'en profitez pas pour vous décharger de vos responsabilités de futur père sous prétexte que les femmes de la famille « gèrent ». Votre compagne risquerait de vous le reprocher plus tard !

Nicolas, 37 ans : «Le problème de ma belle-mère est qu'elle est trop... parfaite! Elle est toujours prête à rendre service et à dispenser ses précieux conseils. Mais voilà, ils sont devenus un peu trop nombreux depuis l'annonce de la grossesse de sa fille chérie! Sous ces "airs de rien", elle ne se prive pas de me dire toujours très gentiment ce qu'il faut faire ou ne pas faire. Et bien entendu, ma compagne n'ose jamais la contredire! Pire encore, elle semble régresser, comme si, avant de devenir maman, elle avait besoin de redevenir la petite fille à sa maman... Mais que voulez-vous que je dise? Oser critiquer la maman idéale? Pas question, je tiens à ma vie!»

9 PAS TOUCHE À SA POITRINE SOMPTUEUSE MAIS FRAGILE

Vous la trouvez superbe et vous passez votre temps à le lui dire : qui, votre compagne? Oui, certes, mais en particulier sa poitrine! Seulement voilà, en plus de prendre du volume, elle est devenue sensible et vous êtes interdit d'accès!

Que se passe-t-il ?

Au cours de la grossesse, les glandes mammaires se développent en prévision de l'allaitement, et les seins de madame gagnent en volume! Même les petites poitrines affichent un décolleté généreux. Inconvénient, au début de la grossesse en particulier : ils sont tendus, hypersensibles et le moindre choc est douloureux. Votre compagne peut ressentir des démangeaisons, des picotements; parfois, même, son mamelon ne supporte plus aucun effleurement. L'aréole devient plus sombre, de petits tubercules apparaissent.

Ce phénomène douloureux est dû aux fortes sécrétions d'œstrogènes qui inondent le corps dès le début de la grossesse. Rassurez-vous, à partir du deuxième trimestre, ses seins garderont le même volume, mais leur sensibilité redeviendra normale.
Autre risque qui les guette : les vergetures.
Enfin, la chaleur et l'attraction terrestre sont une autre source de désagréments pour ces seins qui s'alourdissent.

Quelle attitude adopter ?

Conseillez-lui de porter un soutien-gorge adapté à sa nouvelle taille, qui maintiendra sa poitrine sans la comprimer.
Elle peut aussi tonifier ses seins en les douchant à l'eau fraîche et les masser chaque jour avec une crème antivergetures ou de l'huile d'amande douce.
C'est aussi le moment de faire jouer ses pectoraux, mais en douceur ! Les pectoraux ont un rôle certes limité, mais elle peut les raffermir par quelques exercices simples quotidiens, par exemple en écartant les coudes à la hauteur des épaules et en pressant fermement les paumes l'une contre l'autre durant trente secondes.

Et à bannir ?

Non aux sports violents et aux bains chauds si relaxants, qui augmentent le risque de fausses couches.
Une prise de poids excessive favorise aussi le relâchement de la poitrine, alors rappelez-lui qu'il faut manger pour deux, mais pas comme quatre !

Pour en savoir plus
Massage adapté

➔ Et si vous lui proposiez de lui masser la poitrine en douceur? Commencez par chauffer une petite quantité d'huile de massage dans le creux de vos mains. Appliquez l'huile depuis la base de ses seins jusqu'aux clavicules à la base du cou, en englobant les aréoles.

➔ L'intensité de la pression du massage dépend de sa sensibilité. Imaginez ses seins comme une vague et surfez avec vos mains de bas en haut. Utilisez alternativement la main droite pour le sein gauche et inversement.

10 JE LUI SERS LE PETIT DÉJEUNER AU LIT POUR ATTÉNUER LES NAUSÉES

Elle a le cœur à l'envers dès qu'elle se lève et ne supporte plus votre si réputé cassoulet... Ne remettez pas en cause vos talents culinaires pour autant, car les nausées sont fréquentes pendant la grossesse. Elles concernent en effet entre 50 et 80 % des femmes enceintes. Elles surviennent généralement entre la 4e et la 6e semaine de grossesse, et cessent aux alentours de la 15e.

Que se passe-t-il ?

Ces nausées sont essentiellement dues aux hormones (notamment l'hormone HCG) jusqu'au quatrième mois environ.

Le système olfactif de la femme enceinte est également modifié et devient beaucoup plus sensible. Ainsi, certaines odeurs qui étaient agréables deviennent gênantes et provoquent ces fameuses nausées.
Des troubles digestifs et des facteurs psychologiques peuvent également en être la cause.
Fort heureusement, elles ne sont pas systématiques. Certaines femmes sont tellement barbouillées qu'elles en vomissent tous les jours ; d'autres sont simplement dégoûtées par certaines odeurs ; quelques-unes enfin n'ont jamais le moindre symptôme.

Quelle attitude adopter ?

Il n'existe pas de solution miracle mais plutôt quelques trucs et astuces utiles pour atténuer ces envies de vomir.
Ainsi, dites à votre compagne de ne pas se lever d'un bond dès que le réveil sonne. Demandez-lui de rester quelques minutes au creux de la couette et apportez-lui un verre d'eau, puis le petit déjeuner complet avec un jus de citron pressé et des glaçons.
Idéalement, elle doit prendre ensuite un en-cas (à 11 heures), un déjeuner, un goûter et un dîner léger mais avec des protéines ; il faut également privilégier les sucres lents.
Votre compagne peut aussi prendre 2 à 4 gélules de levure de bière riche en vitamine B ou manger du gingembre confit.
Pensez enfin à aérer les pièces et conseillez-lui de marcher deux heures par jour si possible.

Et à bannir ?

Réservez vos orgies de charcuterie et de plats en sauce à vos soirées entre hommes ou aux repas d'affaires !
Pour ménager son odorat, ne remplacez pas votre parfum habituel par une fragrance chyprée, même si vous voulez lui faire plaisir…
Si elle est pâlichonne et qu'elle s'enferme dans la salle de bains, évitez de lancer l'habituel « Qu'est-ce qu'on mange ? »…

Le saviez-vous ?

En France, environ 1 % des femmes enceintes sont atteintes d'une forme de vomissements excessifs de la grossesse appelée « *hyperemesis gravidarum* ». Sans traitement, ils peuvent provoquer une déshydratation qui ne pourra être soignée qu'à l'hôpital. Ainsi, si votre compagne urine peu souvent ou si son urine est jaune foncé, elle ne doit pas hésiter à consulter un médecin.

Pour en savoir plus

Idée reçue : les nausées disparaissent l'après-midi

➔ Contrairement à ce que l'on croit, les nausées ne sont pas que matinales et peuvent survenir à n'importe quel moment de la journée. Malheureusement pour certaines futures mamans, elles peuvent durer pendant toute la grossesse.

11 DES VITAMINES EN VEUX-TU, EN VOILÀ !

Pendant la grossesse, manger équilibré ne suffit pas ! Votre chère et tendre doit également augmenter certains de ses apports en vitamines et minéraux. Mais où trouver ces fameuses pépites de santé ?

Que se passe-t-il ?

Pendant la grossesse, c'est l'organisme de la future maman qui fournit les vitamines nécessaires au développement du fœtus. Si bébé manque d'une vitamine, il va puiser dans les réserves de sa mère, qui risque de souffrir de carences. C'est la raison pour laquelle cette dernière doit veiller à consommer des vitamines en quantité suffisante.

Essentiel, l'acide folique (vitamine B9) favorise le bon développement de l'embryon. Le calcium et la vitamine D aident à la formation du squelette du bébé. Quant à la vitamine C, elle donne du tonus et renforce le placenta.

Il ne faut pas non plus manquer de vitamine B12 et de fer : leur carence provoque des retards de croissance et une chute des défenses immunitaires de la maman.

Quelle attitude adopter ?

Il va vous falloir aller à la pêche aux vitamines et minéraux ! Sachez qu'on trouve la vitamine B9 dans les légumes à feuilles vert foncé, les légumes secs, les aliments complets d'origine céréalière, les fromages, les œufs, etc.

La vitamine B12 se cache dans les produits animaux comme la viande, le poisson, les œufs ; dans le calcium et dans le lait et les produits laitiers, bien entendu, mais aussi dans les amandes ou le cresson.
Le fer se trouve dans la viande rouge, les légumes secs ou les céréales.
Quant à la vitamine C, on la trouve dans les agrumes, la cerise acérola, les crudités ou les légumes verts.
Enfin, pour faire le plein de vitamine D, votre compagne doit simplement s'exposer un peu au soleil !

Et à bannir ?

Surveillez sa consommation de thé et de café : ils peuvent réduire l'absorption du fer par l'intestin.

Pour en savoir plus
Comment préserver les vitamines ?

➔ La plupart des vitamines sont sensibles à l'eau, à l'air ou à la lumière. Ne stockez donc pas les aliments trop longtemps, ne les laissez pas tremper et utilisez des emballages étanches.

➔ Quant à la cuisson, elle détruit aussi une grande partie des vitamines. La meilleure solution est donc de manger des fruits et légumes crus ou, sinon, de cuire les aliments juste le temps nécessaire (si votre compagne doit prendre garde à la toxoplasmose ou à la listériose, par exemple).

12 JE FAIS LE MÉNAGE LE WEEK-END (SI, SI) POUR LA LAISSER SE REPOSER

Elle s'écroule de fatigue dès 21 heures, elle, la noctambule devant l'Éternel ? Elle traîne des pieds dès le lever et ne conçoit plus le week-end qu'allongée devant la télé ? Ne vous inquiétez pas ! Votre compagne n'est pas en train de se transformer en marmotte : elle est victime de la fameuse fatigue de grossesse, présente lors des premiers mois.

Que se passe-t-il ?

La fatigue est le grand ennemi des futures mamans. Votre compagne éprouve une irrépressible envie de dormir, et c'est normal ! Au début de la grossesse, le taux de progestérone augmente fortement. Or, cette hormone possède un fort pouvoir sédatif.

D'autre part, l'organisme est mis à rude épreuve pendant la grossesse.

Quelle attitude adopter ?

Préservez le sommeil de votre compagne, qui doit pouvoir dormir au moins huit heures par nuit, alors c'est terminé la télé dans la chambre et les nuits blanches avec les amis !

Occupez-vous des tâches ménagères, ne serait-ce que le week-end, afin de lui permettre de faire des siestes.

Portez les choses lourdes à sa place et préparez-lui des menus anti-fatigue : en ce qui concerne les quantités, ni trop ni trop peu, car elle sera d'autant plus fatiguée qu'elle aura du mal à se mouvoir.

Même si elle est épuisée, conseillez-lui de faire de l'exercice physique, à petites doses si besoin. Le sport permet d'éliminer les toxines et les tensions, sources de fatigue supplémentaires.

Et à bannir ?

Ne soyez pas trop présent pour autant : votre compagne a aussi besoin de moments d'évasion rien qu'à elle. Ainsi, ne boudez pas si elle préfère passer l'après-midi avec sa copine Nathalie à faire du shopping plutôt qu'en votre compagnie.
Inutile aussi de lui faire couler un bon bain chaud avant de dormir : la chaleur augmente la température corporelle. Or, notre organisme diminue sa température interne quand il s'apprête à dormir.
Enfin, tamiser la lumière peut avoir du bon, mais pendant la grossesse, la future maman a plutôt besoin de lumière du jour pour recharger ses accus !

Pour en savoir plus

Idée reçue : la sieste empêche de dormir la nuit suivante

➔ Entre 14 et 15 heures, la température corporelle baisse, et le tonus et l'attention sont à leur minimum. C'est donc le moment, si elle le peut, de faire une sieste de trente minutes qui rechargera ses batteries. Cette pause ne gâchera pas ses nuits, bien au contraire ! En revanche, une sieste qui se prolonge ou qui commence après 16 heures retarde l'heure d'endormissement le soir venu.

13 COMMENT SE PASSE LE DÉPISTAGE DE LA TRISOMIE 21 ?

C'est souvent la hantise des futurs parents : le syndrome de Down, ou trisomie 21. C'est une anomalie chromosomique qui provoque des retards mentaux chez l'enfant. Heureusement, les médecins peuvent la dépister dans la majorité des cas et les techniques de diagnostic ont beaucoup évolué.

Que se passe-t-il ?

La trisomie 21 est liée à l'existence accidentelle d'un chromosome 21 surnuméraire. C'est la cause la plus fréquente de retard mental : un enfant sur 700 naît atteint de trisomie si aucun contrôle n'est réalisé pendant la grossesse.

Les deux facteurs de risque connus aujourd'hui sont les antécédents de trisomie 21 et l'âge maternel (plus la future maman est âgée, plus le risque est présent).

Il existe plusieurs modes de dépistage.

Le premier concerne le tri-test, ou dosage des marqueurs sériques. Réalisé entre la 14e et la 17e semaine d'aménorrhée, ce prélèvement sanguin permet de doser trois hormones placentaires caractéristiques de la grossesse. Le pourcentage de risque est calculé par rapport à un taux moyen fixé à 1/250. Plus le dosage de votre compagne se situe au-dessous de cette moyenne, moins elle est considérée comme étant « à risque ».

Ce dosage permet de dépister environ 70 % des cas de trisomie 21, mais il comporte une certaine marge d'erreur : seuls des examens plus approfondis peuvent confirmer ou infirmer le diagnostic.

Autre moyen de dépistage : la mesure de la clarté nucale (voir « Le saviez-vous ? » ci-dessous).

Cet examen consiste en une échographie précoce (dès la 11e et jusqu'à la 14e semaine d'aménorrhée) qui permet au médecin de mesurer la taille de la clarté nucale du fœtus. Le calcul prend en compte tous les facteurs de risque auxquels votre compagne est exposée. Le résultat permet, dans 90 % des cas, de détecter la présence d'une trisomie.

Enfin, l'amniocentèse est l'examen de dépistage le plus connu. Il est systématiquement prescrit aux futures mamans de plus de 38 ans et à toutes celles dont les résultats des examens prénatals indiquent un risque possible.

Ce dépistage de la trisomie 21 a lieu entre la 15e et la 17e semaine d'aménorrhée.

L'examen consiste à effectuer une ponction de liquide amniotique, à l'aide d'une très fine aiguille, à travers la paroi abdominale. À l'aide du prélèvement, les médecins vont établir la carte d'identité chromosomique de votre bébé : le caryotype. C'est à partir du caryotype que pourront être diagnostiquées certaines anomalies, comme la trisomie 21.

Quelle attitude adopter ?

Le tri-test est proposé, mais non imposé : vous avez donc le choix de le refuser. Si vous décidez de faire confiance à la nature, faites-le en toute connaissance de cause et après vous être bien informés sur le sujet.

Si vous acceptez le tri-test et que ses résultats doivent être confirmés par une amniocentèse, sachez que cet examen n'est pas anodin. Il comporte des risques, même infimes : dans 0,5 à 1 % des cas, il peut provoquer une fausse couche.

Et à bannir ?

Ne paniquez pas si les résultats du tri-test ne sont pas très bons. Ils doivent être croisés avec d'autres résultats, et surtout être confirmés par l'amniocentèse.

Le saviez-vous ?

La procédure de dépistage de la trisomie 21 est souvent mal comprise par les futures mères, malgré un consentement écrit.
Une étude menée par l'INSERM et le département de gynécologie obstétrique de l'hôpital Poissy-Saint-Germain révèle, en effet, que les futures mères signent souvent le consentement sans avoir totalement compris les étapes du dépistage et ses conséquences. Les résultats de cette enquête montrent donc que le dépistage doit s'accompagner d'une meilleure information.

Le saviez-vous ?

La clarté nucale est une petite poche de liquide située entre les muscles et la peau du cou du fœtus. Plus cette poche est importante, plus le risque d'anomalies chromosomiques est grand. Elle est en effet le signe annonciateur de l'une des caractéristiques de la trisomie 21, à savoir une nuque épaisse avec un surplus de peau.

14 LE PETIT NOIR : OUI, MAIS AVEC MODÉRATION

Véritable pile électrique, votre compagne est accro au petit noir depuis des années ! Pas question pour elle de débuter la journée sans son grand mug de café. Seulement voilà, il va vous falloir faire preuve de persuasion pour limiter le nombre de ses pauses café ! La caféine pourrait, en effet, être responsable d'avortements spontanés ou de faibles poids de naissance.

Que se passe-t-il ?

Selon différentes études, une consommation excessive de café (plus de cinq tasses par jour) peut exposer les futures mamans à des risques de fausse couche.

Brûlures d'estomac, troubles du sommeil et du rythme cardiaque… Fréquents chez la femme enceinte, ces maux peuvent également s'aggraver sous l'effet de la caféine.

En fait, la plus grande prudence s'impose durant les douze premières semaines de la grossesse, qui sont celles où le risque de fausses couches est le plus important.

Quelle attitude adopter ?

Conseillez-lui de limiter sa consommation à deux tasses de café par jour : si elle ne peut s'en passer complètement, elle peut s'accorder le droit d'en boire un le matin au petit déjeuner et un autre après le déjeuner.

Et à bannir ?

Ne cachez pas le paquet de café : sevrée brutalement, elle risque de devenir une véritable tigresse et de vous mener une vie d'enfer. Préparez-lui plutôt du décaféiné ou du café instantané qui contient moins de caféine que le café moulu.
D'autres boissons chaudes, comme du chocolat chaud par exemple, peuvent aussi faire office de substituts.

Pour en savoir plus
Peut-elle remplacer le café par du thé ?

➔ Le risque accru de fausse couche semble être lié à la caféine seule plutôt qu'aux autres composants du café. La consommation de caféine dans d'autres boissons comme le thé, les sodas ou le chocolat chaud s'accompagne d'une augmentation comparable du risque.

15 GARE AUX INFECTIONS ! JE GUETTE LE MOINDRE SIGNE DE FIÈVRE

Elle a 39 °C et c'est déjà la panique à la maison ! Le bain froid ou les urgences : que faire ?

Que se passe-t-il ?

La fièvre est l'élévation de la température du corps au-dessus d'une fourchette considérée comme normale. Les avis peuvent diverger sur ce point : certains estiment qu'une température au-dessus de 37,5 °C est de la fièvre, tandis que d'autres la situent à partir de 37,8 °C.

Chez une femme enceinte, une fièvre de plus de 38 °C doit toujours alerter. Elle n'est a priori pas mortelle pour la maman mais peut être responsable d'un accouchement prématuré, soit par augmentation de l'activité utérine, soit parce qu'elle est révélatrice d'une pathologie pouvant menacer la grossesse.
Les principales infections s'accompagnant de fièvre durant la grossesse sont la listériose, les infections urinaires, les infections ovulaires, la rubéole ou la toxoplasmose, etc.
C'est la raison pour laquelle toute fièvre chez une femme enceinte doit faire l'objet d'une consultation médicale immédiate.

Quelle attitude adopter ?

Quelle que soit la cause de la fièvre, direction le cabinet du médecin dès que celle-ci dépasse les 38 °C !
En attendant, donnez régulièrement à boire à votre compagne.

Et à bannir ?

Attention ! Le paracétamol et les anti-inflammatoires non stéroïdiens (type Ibuprofène) sont formellement contre-indiqués pendant la grossesse. Pas question, donc, d'avoir recours à l'automédication.

Pour en savoir plus
Idée reçue : un bon bain froid empêche la fièvre de monter

➔ Faux ! Un bain tiède (d'une température inférieure de 2 °C à celle du corps) est envisageable si votre compagne aime particulièrement l'eau. Mais, dans un bain froid, les enveloppements humides ne sont guère efficaces et ne peuvent qu'augmenter le mal-être de la future maman.

16 ELLE QUI ÉTAIT SI DOUCE SE TRANSFORME EN TIGRESSE DÈS QUE JE LAISSE TRAÎNER UNE CHAUSSETTE : C'EST NORMAL ?

Serait-elle légèrement difficile à suivre en ce moment ? En effet, vous ne comprenez plus rien à son fonctionnement ! Parfois d'humeur badine, elle se transforme le jour même en virago dès que vous osez laisser traîner une chaussette, ou pire encore, pleure comme une madeleine devant *La Petite Maison dans la prairie*. Mais que diable lui arrive-t-il ?

Que se passe-t-il ?

Par définition changeantes et multiples, les émotions d'une femme enceinte sont essentiellement dues aux bouleversements hormonaux, mais pas seulement.

La grossesse est le moment propice aux questionnements, mais aussi aux projets avec bébé et son papa. D'où l'état de stress permanent et à double tranchant que connaissent de nombreuses futures mamans. Elles sont alternativement, ou simultanément, très heureuses et à la fois victimes du fameux « coup de blues ». Ce sont des mamans en devenir qui doivent entre autres choses non seulement accepter un corps qui s'arrondit, mais aussi gérer tous les maux de la grossesse.

Quelle attitude adopter ?

Ménagez-la ! Elle a particulièrement besoin d'être protégée en ce moment, même si vous ne reconnaissez plus la superbattante qu'elle était. Tout devrait rentrer dans l'ordre après la grossesse.
En attendant, il va vous falloir faire preuve de patience, et surtout de compréhension.
Incitez-la à parler de ses angoisses si vous la sentez au bord de la crise de nerfs. Laissez-la partager des moments d'intimité avec ses copines, ses sœurs ou sa mère. Les conseils de celles qui sont déjà passées par la case maternité devraient en effet la soulager.
La relaxation pourra également lui permettre de passer ce cap en douceur.

Et à bannir ?

Ne prenez pas les symptômes de la déprime à la légère : cette maladie concerne jusqu'à 13 % des femmes enceintes ! Encouragez-la à consulter un psychologue ou un psychiatre si vous constatez qu'elle n'a plus goût à rien.

Antoine, 24 ans : « Quand Nadège a appris qu'elle était enceinte, elle a eu du mal à y croire. Elle a eu un choc et a pleuré pendant des semaines. Les félicitations la rendaient même mal à l'aise. Je ne comprenais pas pourquoi elle était si malheureuse. Elle m'a avoué un jour qu'elle était vraiment heureuse d'attendre un bébé, mais que les changements qui se multipliaient étaient difficiles à accepter. Elle se sentait aussi frustrée de ne plus pouvoir pratiquer ses activités comme avant. Heureusement, il y a eu un déclic ! Un jour, elle a lu un article dans un magazine dans lequel une femme racontait avoir détesté être enceinte. Cette lecture l'a littéralement délivrée ! Cela lui a fait un bien fou de constater qu'elle n'était pas la seule dans cette situation. Ensuite, elle a assumé ses crises de larmes, mais c'est avec soulagement qu'elle a accouché de notre petit Romain !»

17 JE REDÉCOUVRE LES JOIES DE LA PISCINE ET DE LA MARCHE EN DUO

Certes, vous n'avez pas mis les pieds dans une piscine depuis votre départ du club des Crabes en CM2... Mais le bien-être de votre compagne ne vaut-il pas quelques efforts, et une petite gêne quand vous devrez porter de nouveau ce bonnet de bain qui ruine votre « sex-appeal » naturel ?

Rassurez-vous : si vous faites partie des phobiques du chlore et des longueurs sans fin, vous pouvez aussi redécouvrir les joies de la marche, à deux !

Que se passe-t-il ?

Relaxante, la natation est vraiment LE sport des futures mamans.

En effet, nager entretient la ceinture abdominale et augmente les capacités cardiaques, d'où une meilleure oxygénation.

D'autre part, si votre chère et tendre nage sur le dos, elle en accroît la résistance musculaire et atténue les douleurs dues aux mauvaises postures de la grossesse.

La pression qu'effectue l'eau sur le corps est aussi très bonne pour soulager les jambes lourdes, puisqu'elle stimule la circulation sanguine.

Enfin, le contact avec l'eau procure une sensation de bien-être à la fois physique et psychique.

Quant à la marche, elle améliore l'oxygénation, favorise une bonne circulation veineuse et fait travailler les articulations en douceur.

Quelle attitude adopter ?

Une fois par semaine, programmez une séance de natation. Faire des longueurs à deux est toujours plus motivant que seul.
Il existe également des cours de préparation à l'accouchement en piscine.
La gymnastique aquatique peut être pratiquée par les futures mamans sous réserve d'avoir informé le professeur de leur grossesse, car certains mouvements ne sont pas adaptés.
Si son état le lui permet, votre compagne peut aussi marcher tous les jours afin de garder la forme : avec vous pour joindre l'utile à l'agréable, mais bien chaussée et sans forcer !

Et à bannir ?

Quelle que soit l'activité physique pratiquée, elle ne doit pas rechercher la performance. Ce n'est donc pas le moment de lui lancer des défis ou de la tancer si elle ne suit pas le rythme ! Elle doit rester à l'écoute de son corps pour ne pas dépasser ses limites.

Le saviez-vous ?

La course à pied peut être pratiquée jusqu'au 5e mois, à condition toutefois de prendre beaucoup de précautions : ne jamais forcer, courir lentement, sur un terrain adapté, sur une courte durée, et jamais seule.

18 MATERNITÉ : HÔPITAL OU CLINIQUE ?

À peine avez-vous appris que vous alliez devenir père que vos amis vous ont conseillé de vous inscrire dans une maternité ! Seulement voilà, si certains futurs parents ont déjà une idée précise de l'endroit où mettre au monde leur enfant, vous, vous n'êtes absolument pas décidés... Pas de panique : en posant les bonnes questions, vous devriez faire votre choix rapidement.

Que se passe-t-il ?

Hôpital ou clinique, vous demandez-vous ? Les deux structures présentent des avantages et des inconvénients.

Les maternités de l'assistance publique assurent une grande sécurité pour la maman et son bébé. Elles disposent d'un plateau technique de pointe : lits adaptés aux grossesses à risque, salles de réanimation, service de néonatalogie en cas de problème, etc.

L'équipe de nuit se compose d'un minimum de deux sages-femmes, d'un chef de clinique, d'un ou deux anesthésistes et d'un pédiatre.

Les principaux inconvénients concernant l'accouchement à l'hôpital sont une certaine déshumanisation et, parfois, un manque d'intimité.

Enfin, les chambres peuvent manquer, sont souvent tristes et peu accueillantes.

La clinique offre, quant à elle, un suivi personnalisé : le médecin qui suit votre compagne durant sa grossesse est celui qui l'accouche (sauf accouchement de nuit ou le week-end).

En règle générale, les chambres sont agencées pour le confort de la maman et de son bébé.

Inconvénients : le personnel de nuit est parfois en sous-effectif et certaines maternités pratiquent, souvent en excès, des déclenchements d'accouchements « de confort ».

Quelle attitude adopter ?

Posez-vous les bonnes questions.
La première d'entre elles est la distance entre la maison et la maternité. Ce point est essentiel, car l'accessibilité géographique doit être facile.
Le niveau de sécurité de la maternité est également essentiel. C'est votre gynécologue obstétricien qui est le plus à même de vous éclairer dans ce domaine.
Renseignez-vous également au sujet de la permanence des soins assurés, ainsi qu'au sujet du nombre de gynécologues obstétriciens, d'anesthésistes et de pédiatres de la maternité.
Gardez aussi à l'esprit qu'accoucher n'a pas le même coût à l'hôpital public et en clinique privée. En effet, si, à partir du 6e mois de grossesse, tous les actes médicaux sont pris en charge par la Sécurité sociale à 100 % du tarif de base, les dépassements d'honoraires et autres frais de confort pratiqués dans les cliniques seront à votre charge ou à celle de votre mutuelle.
Informez-vous également au sujet du taux de déclenchements, de césariennes et d'épisiotomies pratiqués dans l'établissement.
Le confort est aussi primordial pour de nombreuses futures mamans. N'hésitez pas à poser des questions sur le nombre de chambres seules disponibles.
Enfin, si vous êtes des adeptes du naturel, sachez que certaines maternités proposent des préparations comme l'haptonomie, la réflexologie, la sophrologie, le chant prénatal ou l'acupuncture.

Et à bannir ?

Ne tardez pas à faire votre choix et à vous inscrire, car les places sont vite occupées dans certaines maternités !

Le saviez-vous ?

Les maternités sont classées par niveaux :
– CPP (centre périnatal de proximité) : établissements qui n'ont pas le droit de pratiquer l'obstétrique, mais qui peuvent assurer des activités pré- et postnatales (cours de préparation à la naissance, enseignement des soins aux nouveau-nés…).
– Niveau 1 : capacité à prendre en charge des grossesses sans facteurs de risque périnatal. Soins pédiatriques de base.
– Niveau 2 : capacité à prendre en charge des grossesses susceptibles de donner naissance à des nouveau-nés nécessitant des soins plus complexes. Ce sont donc des maternités associées à un service de pédiatrie néonatale.
– Niveau 3 : capacité à prendre en charge des grossesses susceptibles de donner naissance à des nouveau-nés nécessitant des soins très importants avec risques vitaux. Ce sont donc des maternités associées à une unité de soins intensifs ou de réanimation néonatale.

19 QUESTION PRIMORDIALE : DOIS-JE ASSISTER AU PREMIER RENDEZ-VOUS MÉDICAL ?

La première visite médicale de la grossesse est un moment important. Pour autant, devez-vous y assister obligatoirement ? Car pas question de froisser votre compagne ou de rater vos débuts de futur papa !

Que se passe-t-il ?

Après le test de grossesse positif et la prise de sang qui a confirmé la bonne nouvelle, une visite médicale de votre compagne chez son gynécologue s'impose. Cette visite est importante et doit se faire avant la fin du premier trimestre de grossesse, normalement vers la 12e semaine. Elle permet de faire le point sur le passé médical de la future maman, de calculer la date de l'accouchement et d'établir un suivi. Plusieurs tests sont prescrits lors de ce rendez-vous, notamment des tests sanguins pour détecter d'éventuelles anomalies.
À la fin de cette première consultation, le médecin vous remet la déclaration de grossesse, une ordonnance pour un bilan sanguin, une analyse d'urines et une autre ordonnance pour la première échographie… Un rendez-vous à ne surtout pas manquer !

Quelle attitude adopter ?

Si vous décidez d'assister à cette première visite avec votre compagne, n'hésitez pas à poser toutes les questions sur les sujets qui vous tracassent. Le médecin est le mieux placé pour vous expliquer le déroulement de la grossesse et vous rassurer, surtout si c'est votre première expérience !

Et à bannir ?

Ne calez pas cette première consultation entre deux rendez-vous professionnels. Cette visite permet au médecin de connaître plus précisément votre compagne et de déterminer les éventuels facteurs de risque. Elle sera donc plus longue que les visites prénatales suivantes !

Pour en savoir plus
À quoi sert la détermination du groupe sanguin et du facteur rhésus ?

➔ Elle permet de savoir s'il existe une incompatibilité entre votre futur enfant et la maman. Le gynécologue la prescrit quand celle-ci ne possède pas de carte de groupe sanguin complète (avec deux déterminations).

➔ Si le rhésus de cette dernière est négatif, trois autres examens sanguins seront obligatoires : au cours du 6e mois, du 8e mois et à l'accouchement.

20 QUE REMBOURSE LA SÉCURITÉ SOCIALE ?

S'il y a bien une question dont vous ne voulez surtout pas parler à votre entourage, de peur de passer pour un grippe-sou, c'est le coût des différentes consultations pendant la grossesse de votre compagne. Il faut bien avouer que votre budget risque d'être serré ces prochains mois !

Que se passe-t-il ?

Dès la déclaration de sa grossesse et jusqu'au dernier jour du 5ᵉ mois de grossesse, les frais médicaux de votre compagne sont remboursés aux tarifs habituels. Seuls ses examens prénatals obligatoires sont pris en charge à 100 %, dans la limite des tarifs de base de l'assurance-maladie. Il s'agit des sept consultations prénatales, des examens complémentaires et des huit séances de préparation à la naissance. Les échographies sont remboursées à 70 %.
À partir du premier jour du 6ᵉ mois de grossesse, tous les frais médicaux remboursables de la future maman sont pris en charge à 100 %, dans la limite des tarifs de base de l'assurance-maladie. Cette prise en charge à 100 % se poursuit jusqu'au douzième jour après l'accouchement.

Quelle attitude adopter ?

Rappelez à votre compagne d'envoyer à la Sécurité sociale le document en trois volets intitulé « Premier examen prénatal » avant la fin de son 3ᵉ mois de grossesse. Plus tôt sa grossesse est déclarée et plus vite ses soins seront pris en charge.

Et à bannir ?

Ne rêvez pas : les dépassements d'honoraires ne sont jamais pris en charge par l'assurance-maladie. Ils peuvent cependant l'être par votre complémentaire santé, si le contrat que vous avez souscrit le prévoit.

Le saviez-vous ?

Depuis le 13 février 2009, les professionnels de santé sont tenus d'afficher, de manière visible dans leur salle d'attente ou, à défaut, sur leur lieu d'exercice, les tarifs des honoraires qu'ils pratiquent, ainsi que le tarif de remboursement par l'assurance-maladie.

21 J'AI L'ŒIL HUMIDE LORS DE LA PREMIÈRE ÉCHOGRAPHIE

C'est la première rencontre visuelle avec votre bébé. Cette échographie, comme les autres, est un moment riche en émotions. Des émotions partagées, entre joie et peur. Elle donne des indications précieuses, dont la toute première : « Combien attendez-vous d'enfants ? »

Que se passe-t-il ?

L'échographie du premier trimestre permet de déterminer le terme de votre bébé et de dépister des signes de malformations fœtales et d'anomalies chromosomiques.

Elle a lieu entre la 11e et la 13e semaine d'aménorrhée. Elle dure une demi-heure environ.
Elle se pratique à l'aide d'une sonde couverte d'un gel spécial passée sur le ventre ou introduite dans le vagin.
Lors de cet examen, l'échographe vérifie le nombre d'embryons, sa ou leur position dans l'utérus, ainsi que les mouvements et battements cardiaques.
Il procède ensuite aux mesures suivantes : longueur du fœtus, taille du fémur et diamètre du crâne.
Autre mesure importante : la clarté nucale, qui doit être inférieure à 3 millimètres.

Quelle attitude adopter ?

Avant l'examen, demandez à la future maman de ne pas mettre de crème hydratante sur son ventre. Cela pourrait gêner le bon fonctionnement de l'appareil.
Prenez votre temps pour regarder l'image, qui n'est pas forcément très nette.

Et à bannir ?

Ne paniquez pas si vous voyez l'échographe faire la grimace ! Certains plans sont parfois difficiles à obtenir, mais cela ne signifie pas que le bébé ait un quelconque problème !
De la même façon, attendez que l'échographie soit terminée pour poser toutes les questions qui vous passent par la tête. L'échographe doit rester concentré pendant l'examen.

Thomas, 27 ans : « Lors de la première fameuse échographie, nous nous attendions à voir un petit haricot. Stupéfaction, nous avons rencontré "un bébé". Il était bien là, réel, et déjà bien visible. Et ne ressemblait en rien à un haricot : on pouvait déjà voir sa tête, ses fesses et le début de ses jambes et de ses bras. Nous étions tout émus de le voir. Mais ce n'était rien face à ce qui nous attendait. Tout à coup, nous avons entendu son cœur. Quel bonheur, les larmes me sont montées aux yeux malgré moi ! »

Le saviez-vous ?

La sonde utilisée pendant l'examen est sans danger pour votre compagne et votre enfant. Elle utilise les ultrasons, issus de la technique du radar, et non les rayons X.

22 DE LA FRAISE, OUI, MAIS AUSSI CELLE DU DENTISTE POUR SURVEILLER SES DENTS !

Vous redoutez le dentiste, sa fraise qui n'a rien d'une douceur sucrée et ce maudit fauteuil qui vous semble tout droit sorti d'un film d'horreur. Pourtant, il va falloir que votre enfant s'y habitue déjà *in utero*. La bouche de la future maman doit être particulièrement surveillée pendant la grossesse.

Que se passe-t-il ?

La grossesse est une période à risque pour les dents et les gencives.
D'une part, les modifications hormonales ont tendance à fragiliser dents et gencives. Les inflammations de la gencive (gingivites) sont alors plus fréquentes. Elles se traduisent par des douleurs, des saignements, et plus rarement par des déchaussements de dents.
D'autre part, les femmes enceintes sont souvent sujettes aux nausées et changent alors leur alimentation, sans compter leurs envies sucrées. Ces changements entraînent parfois une recrudescence des caries.

Quelle attitude adopter ?

Mieux vaut prévenir que guérir ! Programmez deux visites chez le dentiste : une en début et l'autre en fin de grossesse. Entre le 3e et le 7e mois, les dentistes peuvent pratiquer les soins courants, mais au début de la grossesse ou au cours du dernier trimestre, les interventions sont plus délicates.
Les chirurgiens dentistes préfèrent donc se limiter aux traitements des petites urgences telles que les caries, les infections ou les abcès. Si les gencives de votre compagne la font souffrir, achetez-lui une brosse à dents toute douce… Elle n'a pas besoin de changer de dentifrice, sauf si le goût du sien ne lui convient plus.

Et à bannir ?

Méfiez-vous des médicaments si la future maman a une rage de dents. L'immense majorité des médicaments est déconseillée pendant la grossesse. Les anti-inflammatoires sont formellement contre-indiqués. Elle peut en revanche utiliser du Doliprane, qui est sans danger.

Pour en savoir plus
Idée reçue : un bébé coûte une dent

→ Contrairement à ce que prétend une tenace idée reçue, un bébé ne coûte pas une dent ! À la différence de l'os, la dent n'est pas une réserve de calcium et ne risque pas de se décalcifier.

23 DE L'EAU, DE L'EAU, ET ENCORE DE L'EAU !

Votre compagne n'est pas la seule à profiter de l'eau qu'elle boit. Votre bébé aussi en a besoin. Une bonne raison pour qu'elle ait une bouteille d'eau à portée de main tout au long de la grossesse !

Que se passe-t-il ?

Enceinte, les besoins en eau d'une femme restent identiques. Sa consommation quotidienne doit approcher un litre et demi.
L'eau est en revanche essentielle au développement du fœtus. Votre compagne doit donc boire régulièrement pour sa santé et celle de votre bébé.
Les apports en eau doivent être répartis de la façon suivante : un litre sous forme de boissons et 500 ml sous forme d'aliments.

Boire est d'autant plus important que l'eau permet de lutter contre certains maux de la grossesse, comme la constipation ou les crampes.

Quelle attitude adopter ?

Contrairement aux idées reçues, pas la peine de lui interdire l'eau du robinet ! Elle subit, en effet, de nombreux contrôles et sa teneur en polluants est quasi nulle. Cependant, vous pouvez équiper vos robinets de filtres ou investir dans une carafe filtrante.
Si la future maman est une inconditionnelle de l'eau en bouteille, choisissez une eau bien minéralisée. Pendant la grossesse, les besoins en eau et en sels minéraux sont plus importants.
Enfin, elle peut continuer à boire de l'eau gazeuse, sauf si elle souffre de reflux gastro-œsophagiens ou de ballonnements.

Et à bannir ?

Méfiez-vous des eaux aromatisées. Très sucrées, elles n'aideront pas votre compagne à garder une silhouette au top…

Le saviez-vous ?

Comme chez l'adulte, l'eau est le constituant principal de l'organisme du fœtus. Elle représente environ 90 % de son poids corporel. Les besoins en eau du fœtus sont donc très importants et augmentent tout au long de la grossesse. En fin de grossesse, ils sont même supérieurs à ses besoins en oxygène !

24 JE METS UN PEU DE DISTANCE ENTRE ELLE ET RONALDO, MON MEILLEUR AMI À POILS

Jusqu'à présent, Ronaldo était VOTRE bébé à la maison, mais cela va devoir changer avec l'arrivée prochaine de votre enfant. Pendant la grossesse, votre compagne ne doit plus laisser votre meilleur ami lui lécher le visage en signe de reconnaissance !

Que se passe-t-il ?

Pendant la grossesse, c'est surtout de nos amis les chats dont il faut se méfier. La toxoplasmose peut en effet se transmettre par leurs selles.
Quant aux chiens, ils ramènent notamment des parasites et de la poussière dans la maison, surtout quand ils ont des poils longs.

Quelle attitude adopter ?

Aspirez régulièrement les pièces de vie et les endroits où votre animal a l'habitude de se coucher.
Pensez aussi à aérer votre maison tous les jours pour y renouveler l'oxygène. Autre règle à respecter : désinfectez régulièrement le sol et les endroits propices aux bactéries.
Votre animal devra également faire une visite chez le vétérinaire afin de s'assurer qu'il est en bonne santé et que ses vaccins sont à jour.
Enfin, dites à votre compagne de se laver les mains après avoir caressé ou fait des papouilles à votre animal.

Et à bannir ?

Ne repoussez pas votre vieille boule de poils sous prétexte qu'il est un nid à microbes : il risquerait de très mal le prendre et de supporter encore moins l'arrivée de bébé dans quelques mois !

Le saviez-vous ?

Préparez à l'avance votre animal à sa nouvelle vie avec bébé. Une fois rentrés à la maison après l'accouchement, l'émotion et le stress ne vous laisseront guère le temps de vous occuper de votre compagnon à quatre pattes !

25 COMMENT ÇA, JE DOIS RENONCER À MA SOIRÉE FOOT À LA MAISON AVEC LES COPAINS ?

Certes, il y a quelques mois, c'était une fêtarde, et la maison était toujours remplie d'amis ! Elle supportait même les hurlements de votre meute de copains devant un match de foot !
Seulement, depuis qu'elle a appris qu'elle attendait un heureux événement, fini l'auberge espagnole ! Elle ne supporte plus les soirées bruyantes et n'aspire qu'à se retrouver dans sa bulle.

Que se passe-t-il ?

Loin du mythe de la femme enceinte épanouie, la grossesse est aussi parfois source de remises en question. Les blessures passées peuvent

ressurgir et votre compagne a besoin d'un petit coup de main pour chasser ses idées noires.
Prendre conscience des transformations de son corps et de sa prise de poids peut en effet être difficile à accepter.
Elle peut aussi craindre que vous ne la désiriez plus, ou de perdre la place qu'elle avait dans son univers professionnel.
De même, la surmédicalisation de la grossesse peut avoir des répercussions psychologiques.
C'est pour elle une période de révolution intérieure qui demande d'importants réaménagements : d'où le besoin de votre compagne de parfois s'isoler de votre groupe d'amis !

Quelle attitude adopter ?

Respectez ses envies de solitude et limitez le nombre de soirées à la maison. Mieux encore : transformez-vous en Tony Danza quand vos amis viennent et permettez-lui de se mettre les pieds sous la table. Et pas la peine de jouer les Calimeros si elle veut être seule ! Elle en a besoin, et votre couple peut-être aussi.

Et à bannir ?

Ne la laissez pas s'isoler si ce petit coup de blues persiste : incitez-la à vous parler de ses angoisses ou à se confier à l'équipe médicale qui la suit à la maternité.
Pas question non plus de vous priver de vos sacro-saintes soirées football : vous risqueriez de le lui faire payer par la suite... Proposez-lui plutôt de passer une soirée entre filles pendant que vous hurlerez de votre côté au coup de génie de Ribéry face à la cage !

Pour en savoir plus
Le déni de grossesse

➔ Ne prenez pas le coup de blues de votre compagne à la légère, car il peut cacher un déni de grossesse, une pathologie médiatisée ces derniers mois et qui concerne 600 à 1800 femmes chaque année en France.

➔ Maladie psychiatrique sévère, le déni de grossesse désigne le fait, pour une femme enceinte, de ne pas avoir conscience de l'être.

➔ La femme occulte psychiquement une réalité physique. L'enfant n'a jamais existé dans la tête de la mère, victime d'un déni de grossesse.

26 LE MELASMA, QUÈSACO ?

Mais d'où viennent ces taches brunes qui parsèment le front et les joues de votre douce compagne ? Vous avez bien compris qu'il ne fallait lui en parler sous aucun prétexte, mais vous vous demandez si elles sont suspectes ou simplement liées à un ratage côté autobronzant... Ni l'un ni l'autre ! Il s'agit du masque de grossesse qui répond aussi au nom barbare de « melasma ».

Que se passe-t-il ?

Le masque de grossesse, ou melasma, touche deux tiers des femmes enceintes à partir du 4e mois de la grossesse. Il concerne surtout les brunes et prend la forme de plaques pigmentées de couleur marron, souvent symétriques. Ces vilaines marques sont en général réparties sur le front, les tempes et les joues.

En cause encore une fois : les hormones, qui provoquent un surrégime des mélanocytes (cellules responsables de la pigmentation de la peau et du bronzage). Hypersensibles durant la grossesse, ils réagissent au quart de tour, notamment sur certaines zones du visage.

Quelle attitude adopter ?

Un seul mot d'ordre pour les éviter : votre compagne ne doit pas s'exposer au soleil ! Si elle ne peut se passer des rayons de l'astre divin, elle peut appliquer un écran solaire à l'indice élevé en été, mais également lors de toute exposition, même de courte durée. Elle doit surtout renouveler l'application toutes les deux heures. C'est aussi le bon moment pour ressortir ses chapeaux et autres casquettes !
Si son teint blafard la désespère, l'autobronzant est LA solution, d'autant que les nouvelles formules permettent d'acquérir un joli hâle sans les fameuses taches couleur carotte !

Et à bannir ?

Qu'elle ne se croie pas protégée des rayons néfastes en ville ou lorsque le temps est couvert : les risques sont toujours présents !

Le saviez-vous ?

Certes, votre compagne doit se méfier du soleil, mais il ne faut pas non plus se terrer dans l'ombre toute l'année !
Le soleil aide à synthétiser la vitamine D, dont l'organisme a besoin pendant la grossesse. La future maman doit donc s'accorder 10 à 15 minutes d'exposition par jour, à des heures de faible ensoleillement (matin ou soir), la peau bien protégée.

Pour en savoir plus
Ces taches sont-elles permanentes ?

➔ Si les taches sont déjà là, rassurez votre compagne : le melasma (appelé aussi « chloasma ») disparaît la plupart du temps six mois après l'accouchement. S'il persiste, elle pourra consulter son dermatologue qui lui conseillera des crèmes médicamenteuses dépigmentantes.

27 JE DOIS METTRE DES FIBRES AU MENU, MAIS OÙ SE CACHENT-ELLES ?

La constipation est un problème relativement fréquent chez la femme enceinte. Il débute souvent dès les premiers mois de la grossesse et a tendance à s'intensifier chez les futures mamans prédisposées aux problèmes de transit.
Cette constipation s'accompagne le plus souvent de ballonnements et de maux de ventre dus au dysfonctionnement intestinal.

Que se passe-t-il ?

En cause : la progestérone, l'hormone de la grossesse, qui entraîne un relâchement de l'ensemble des muscles des intestins. Conséquence : une diminution de l'efficacité du transit intestinal, donc une constipation. À cela s'ajoute une compression causée par le grossissement de l'utérus.
La prise de fer entraîne également une aggravation de la constipation.

Quelle attitude adopter ?

Enrichissez son alimentation en fibres. Elles se cachent dans les légumes verts, la salade, les poireaux, le céleri, les asperges, les fruits frais ou secs, les céréales et les légumineuses.
Tous les matins, servez-lui un grand verre d'eau fraîche. Dans la journée, elle doit boire (un litre et demi de liquide, eau, tisane, jus de fruits, etc.) et consommer du pain (complet, de seigle, de son). L'exercice physique doux est également recommandé, de même que des repas pris dans le calme.
Enfin, et même si ce n'est pas très « glam » à entendre, sachez qu'il est conseillé de se présenter à la selle tous les jours à la même heure, et d'en faire une habitude.

Et à bannir ?

Ne tombez pas dans l'excès en ce qui concerne les aliments riches en fibres, car cela lui causerait ballonnements et flatulences.
Attention aussi aux aliments irritants comme les excitants (alcool, épices) ! Elle ne doit pas non plus abuser des plats riches en graisses, ni des sucres, car ils perturbent le travail du foie et de la vésicule, et ralentissent le transit.

Pour en savoir plus

Astuce naturelle

➔ Prenez trois ou quatre pruneaux, abricots ou figues. Fendez-les et laissez-les tremper la veille dans un verre d'eau tiède. Proposez-les lui au réveil en lui conseillant de boire l'eau dans laquelle les fruits ont macéré.

28 OH, DES JUMEAUX : PAS DE PANIQUE !

C'est bien simple : vous avez cru que vous alliez vous évanouir quand l'échographe vous a annoncé avec un sourire jovial que vous n'attendiez pas un, mais DEUX heureux événements ! Pas de panique, vous êtes loin d'être le seul. Après tout, vous aurez bien droit vous aussi à une double ration de bonheur !

Que se passe-t-il ?

Une grossesse sur 80 aboutit à la naissance de jumeaux. Il existe un facteur héréditaire, mais la probabilité augmente aussi avec l'âge et le nombre d'enfants déjà eus par la mère.

Les techniques d'assistance médicale à la procréation favorisent également les grossesses gémellaires.

C'est généralement lors de l'échographie réalisée à partir de la 12e semaine d'aménorrhée que les grossesses gémellaires sont confirmées. Mais on peut déjà visualiser deux sacs gestationnels dès la 5e semaine, et deux embryons et deux cœurs qui battent dès la 7e semaine.

Quelle attitude adopter ?

Même si la grossesse de votre compagne se passe dans les meilleures conditions, elle est considérée comme « à risque ». Elle sera donc plus suivie. Ainsi, elle subira un nombre plus important d'échographies qui permettront de contrôler la croissance des fœtus et de vérifier leur positionnement pour la naissance.

Sachez que la grossesse gémellaire peut aussi entraîner davantage de petits maux. Votre compagne devra donc se reposer beaucoup, surtout en fin de grossesse. Il vous faudra assumer le quotidien plus tôt que dans le cadre d'une grossesse classique !
Soyez attentif à sa posture, car elle va prendre plus de poids que les autres futures mamans. Si son dos la fait souffrir, pensez aux ceintures de grossesse.
Son alimentation doit également être la plus équilibrée possible.
Il faudra aussi bien choisir la maternité et privilégier celles de niveau 2 ou 3, car les risques de prématurité sont plus élevés.

Et à bannir ?

À partir du 5e mois, proscrivez les déplacements longs en voiture.
Ne vous laissez pas décourager par votre entourage. Seuls les parents de jumeaux ou de triplés peuvent vous aider à vivre cette expérience extraordinaire le plus sereinement possible.
N'attendez pas le dernier moment pour organiser votre futur quotidien à quatre : entre les couches, les biberons, la lessive et le ménage, vous risquez en effet d'être un peu dépassés ! D'où l'intérêt de préparer leur venue le plus tôt possible.

Pour en savoir plus
Les aides spécifiques

➔ Les familles de jumeaux, de triplés, et plus, bénéficient d'aides et de prestations pendant et après la grossesse.

➔ En ce qui concerne le congé maternité, en cas de grossesse gémellaire, il est de 12 semaines avant la date prévue d'accouchement et de 22 semaines après, soit un total de 34 semaines.

→ Le congé paternité est de 3 + 18 jours (soit 21 jours), quel que soit le nombre d'enfants nés (contre 3 + 11 dans le cas d'une grossesse simple).

Le saviez-vous ?

Une grossesse gémellaire peut être moins bien vécue par la future maman du fait de troubles physiologiques accentués (maux de dos, problèmes de circulation...) et d'une prise de poids très rapide. Des groupes de parole dédiés existent dans certaines maternités. À défaut, la fédération Jumeaux et plus est présente dans chaque département pour accompagner les futurs parents.

29 QUELLES SONT LES VISITES MÉDICALES OBLIGATOIRES ?

À votre agenda ! Il va vous falloir noter avec précision les sept consultations obligatoires pendant la grossesse.

Que se passe-t-il ?

La première consultation de suivi doit se dérouler avant la fin du 3e mois de grossesse. C'est lors de cet examen que le professionnel de santé remet à votre compagne le document intitulé « Premier examen prénatal » qui servira à déclarer la grossesse. Il lui remet aussi un dépliant contenant les principales adresses dont vous pourrez avoir besoin (caisse d'assurance-maladie, caisse d'allocations familiales, PMI – Protection maternelle et infantile –, etc.).

Il prescrit alors une première échographie, prise en charge à 70 %, et les premiers examens sanguins, pris en charge à 100 % (groupe sanguin, dépistage de la rubéole, de la toxoplasmose, de l'hépatite B, etc.).
Lors du 4e mois ont lieu la deuxième consultation de suivi et la première séance de préparation à la naissance et à la parentalité. Vous pouvez bénéficier d'un entretien individuel ou en couple, avec une sage-femme ou un médecin.
Lors du 5e mois ont lieu la troisième consultation de suivi et la deuxième échographie, prise en charge à 70 % ; au 6e mois, c'est au tour de la quatrième consultation de suivi.
Lors du 7e mois de grossesse a lieu la cinquième consultation de suivi ; lors du 8e mois, la sixième, et la troisième échographie, prise en charge à 100 %. Une consultation préanesthésique est également prévue.
Il y a enfin, lors du 9e mois de grossesse, une septième consultation de suivi.

Quelle attitude adopter ?

Prévoyez vos questions à l'avance afin de ne pas être désarçonné face à la rapidité et à l'éventuelle déshumanisation de vos entretiens avec votre médecin.

Et à bannir ?

Ne vous sentez pas obligé d'assister à toutes ces consultations ! Demandez à la future maman quand elle souhaite que vous l'accompagniez.

Le saviez-vous ?

La grossesse de votre compagne peut être suivie, sur le plan médical, par un médecin ou une sage-femme (en libéral, à l'hôpital ou en Protection maternelle et infantile).
Qu'il suive personnellement ou non la grossesse, son médecin traitant est là pour s'assurer qu'elle bénéficie du meilleur suivi.
La sage-femme peut s'occuper, en toute autonomie, du suivi de la grossesse (si elle ne présente pas de risque particulier), de l'accouchement, ainsi que de la surveillance de votre enfant après la naissance.
Selon vos besoins, votre médecin ou votre sage-femme peuvent vous orienter vers d'autres professionnels.

30 NOUS ANNONÇONS LA BONNE NOUVELLE À NOS PARENTS ET NOUS SORTONS LES MOUCHOIRS

En effet, vous allez sans doute devoir affronter les grandes eaux ! Et ce, surtout si votre enfant est le premier petit enfant de la famille, et donc forcément la huitième merveille du monde !

Que se passe-t-il ?

Mettons tout d'abord fin à une idée reçue : les mamies gâteaux et les papys en charentaises ont vécu. Vive les papy-boomers issus de la génération du baby-boom !
Encore actifs, et libérés en tout, ils sont de la génération de Mai 68.

Du coup, ils risquent d'apprendre leur futur statut avec plus de légèreté, mais autant d'émotions bien sûr ! Toujours occupés, ils seront peut-être moins susceptibles de jouer les nounous que leurs propres parents, mais vous feront aussi subir moins de pressions.
En effet, le rôle d'éducateurs, ils l'ont déjà assumé quand vous étiez enfants, et cela leur a bien suffi. À vous donc l'éducation, et à eux l'ouverture sur le monde...

Quelle attitude adopter ?

Faites preuve de compréhension si vos parents ne réagissent pas comme vous l'avez escompté. L'annonce d'une nouvelle vie qui commence renvoie chacun de nous à sa propre histoire.
Ces précautions prises, vous pouvez organiser un scénario, si possible original, pour leur annoncer la venue de leur petit-enfant.
Ainsi, vous pouvez profiter d'une fête familiale pour porter un toast « aux futurs grands-parents », ou encore offrir en cadeau un objet symbolique comme un body, des chaussons, une rose ou un choufleur !
Si vos parents sont joueurs, vous pouvez aussi annoncer l'heureux événement sous forme de rébus que vous leur proposerez de résoudre.
Enfin, si vous êtes un musicien dans l'âme, enregistrez sur un CD une chanson parlant de bébé. Personnalisez la pochette avec vos deux prénoms et en ajoutant, par exemple : « En duo pour un futur tube ».

Et à bannir ?

Il est préférable d'attendre un peu, une fois que les risques de fausses couches précoces sont mis de côté, avant de partager votre joie avec vos oncles, tantes, cousins, cousines.
Vous pouvez commencer à en parler après l'échographie des 12 semaines d'aménorrhée.
Ne prenez pas la mouche si votre père, qui a toujours nié son âge, semble faire preuve d'indifférence ! Il peut avoir du mal à assumer son rôle de grand-père, synonyme de vieillesse.
Enfin, évitez d'offrir à ce même père, toujours jeune dans sa tête, la fameuse boîte de biscuits Papy Brossard. Il risque de ne pas se reconnaître en papy tout droit sorti d'un autre temps !

Nicolas, 38 ans : « Pour les grands-parents et le reste de la famille, nous avons fait un petit faire-part avec une photo de l'échographie et un petit mot calligraphié : "Coucou, j'arrive en janvier, alors faites-moi une petite place." Petit plus pour les futures grands-mères : un cadre avec un puzzle Anne Geddes fait main, et, pour le futur grand-père, une tétine ou un bavoir, au choix le jour J. Nous avons fait le petit effet escompté. »

Partie 2

Deuxième trimestre

31 ELLE EST ANÉMIÉE : JE FAIS QUOI ?

Elle est pâle comme un cachet d'aspirine et a régulièrement des coups de barre qui la laissent sans énergie. Et si elle était anémiée ?

Que se passe-t-il ?

Les symptômes de l'anémie sont la pâleur, la sensation de fatigue, les vertiges et l'irritabilité, mais aussi les nausées, un essoufflement plus prononcé et un rythme cardiaque accéléré.
Le médecin qui suit la grossesse de votre compagne lui prescrira quasi systématiquement une prise de sang. Le résultat de l'analyse permettra de la situer par rapport au seuil édicté par l'OMS (Organisation mondiale de la santé) qui est de 11 g d'hémoglobine pour 100 ml de sang. Si votre compagne se situe en dessous de ce seuil, elle devra suivre les conseils de votre médecin. Il lui prescrira un supplément médicamenteux riche en fer et lui demandera d'adapter son alimentation.

Quelle attitude adopter ?

Il va vous falloir mettre du fer au menu !
Il existe sous deux formes : le fer héminique et le fer non héminique, différemment absorbés par l'organisme.

Le fer héminique, constituant du sang et des muscles des animaux, est contenu dans la viande, les poissons et les produits d'origine animale. Environ 25 % sont absorbés.
Le fer non héminique est contenu dans les aliments d'origine végétale, les œufs et les produits laitiers. Il est peu biodisponible, c'est-à-dire qu'à peine 5 % sont absorbés.
Les aliments les plus riches en fer sont le boudin noir cuit, le foie de volaille cuit, la farine de soja, les lentilles crues. On en trouve aussi dans les moules cuites, les pistaches, le jaune d'œuf, le muesli et le bœuf en rôti.
Sachez que la vitamine C favorise l'absorption par l'organisme du fer apporté par l'alimentation. Combiner cette vitamine et ce minéral lors des repas lui permettra donc de retrouver une santé… de fer !

Et à bannir ?

Attention, une consommation excessive de thé ou de café vient altérer la bonne absorption du fer par l'organisme. Votre compagne va donc devoir limiter ses tête-à-tête avec la machine à café et la théière !

Pour en savoir plus

Idée reçue : les épinards sont riches en fer… et ce n'est pas Popeye, ce célèbre marin, qui dira le contraire !

➔ Faux ! Les épinards ne renferment en fait que des quantités infimes de fer.

➔ Selon la légende, cette erreur est due à la secrétaire d'un chercheur. Elle aurait fait une erreur de virgule (30 mg au lieu de 3), conférant aux épinards une dose exceptionnelle de fer. Avant que les scientifiques ne puissent rétablir la vérité, notre célèbre héros de dessin animé avait déjà puisé toute sa force dans les épinards.

Le saviez-vous ?

Le fer est l'un des composants essentiels de l'hémoglobine présente dans les globules rouges. L'hémoglobine a la fonction vitale de transporter l'oxygène des poumons vers le reste du corps, et donc d'oxygéner les cellules.
Or, dès le début de la grossesse, le volume sanguin augmente. Cela signifie plus de globules rouges, donc plus d'hémoglobine, et un besoin accru en fer.
De son côté, le fœtus va, lui aussi, utiliser le fer de votre compagne pour générer l'hémoglobine de ses propres globules rouges. Il va puiser dans son organisme ce dont il a besoin.

32 NON À LA SALOPETTE RINGARDE ! JE L'AIDE À CHOISIR DES VÊTEMENTS ADAPTÉS

Ah, qu'il est loin le temps où les jolies futures mamans n'avaient le droit qu'aux fameuses salopettes qui en ont fait cauchemarder plus d'une ! Désormais, il y en a pour tous les goûts et pour tous les budgets. Vous allez même pouvoir l'aider à faire rimer maternité et féminité !

Que se passe-t-il ?

Par crainte de se laisser dépasser par la suite des événements, les femmes enceintes achètent des vêtements de grossesse souvent beaucoup trop tôt.

Même si le corps commence à changer, les vraies transformations n'ont lieu qu'à partir du deuxième trimestre. Avant, donc, les vêtements un peu larges pré-régime drastique font largement l'affaire !

Quelle attitude adopter ?

Votre compagne attend un bébé, mais ne rentre pas au couvent ! Elle a donc le droit de montrer ses nouvelles formes et, mieux encore, de les sublimer avec les vêtements de grossesse.

Elle peut commencer par mettre en valeur ses jambes et ses bras s'ils restent minces.

Si elle ne supporte plus ses courbes, conseillez-lui de porter des couleurs vives, ou du pastel en haut et du sombre en bas. Ainsi, elle gommera les rondeurs et détournera l'attention des endroits où elle a pris du poids.

En haut, elle peut porter des décolletés sexy, surtout si elle a toujours complexé sur son buste menu. Si, au contraire, elle maudit sa poitrine un peu trop forte, offrez-lui un joli petit haut fluide.

En ce qui concerne les pantalons, elle peut les choisir également fluides, à taille élastique, portés sous une tunique. Sont également conseillées les jupes avec ceinture, qui marquent la taille et gomment davantage le ventre.

Et à bannir ?

Les T-shirts trop moulants qui risquent d'être un peu vulgaires à cause de sa poitrine généreuse !
Les pantacourts qui ont tendance à la tasser et les pantalons taille basse, même si c'est un crève-cœur à ses yeux.

Pour en savoir plus

La bonne idée

➔ Même si c'est une fana des chaussures, il va lui falloir renoncer momentanément aux talons hauts, et revenir aux ballerines qui galbent la cheville. Les bottes sont également tendance, mais pas recommandées du tout ! Elles compriment le mollet et pourraient faire gonfler les jambes et les pieds.

➔ Autres ennemies : les ceintures larges, qui risquent d'accentuer ses hanches et donc de provoquer des cris d'horreur. Il vaut mieux les choisir fines pour souligner le mouvement sans marquer.

33 ÇA SERT VRAIMENT À QUELQUE CHOSE, DE PARLER À SON VENTRE ?

Vous les avez bien fait rire… Qui ? Mais vos meilleurs amis, voyons, quand ils ont appris que vous parliez à votre fils adoré à travers le ventre de votre compagne. Tous vous ont assuré qu'outre le fait de vous faire passer pour un parfait idiot, cela ne servait à rien. Faux ! Alors n'écoutez pas les oiseaux moqueurs et continuez vos tête-à-ventre !

Que se passe-t-il ?

C'est incontestablement dans le domaine de l'audition que le fœtus est le plus performant. Il réagit aux stimulations auditives dès la 22e semaine, et son audition est normale à la 35e. Le futur bébé entend notamment la voix de sa mère, qui est transmise par les tissus et les os.
Mais la vôtre aussi ! Les sons graves de votre voix voyagent en effet plus facilement à travers le liquide amniotique. Ils donnent une véritable sensation d'apaisement au fœtus.
Les autres sons sont déformés par le liquide amniotique qui les conduit. C'est la raison pour laquelle le fœtus entend particulièrement le rythme et les intonations. Certains bruits violents, comme une musique trop forte, peuvent ainsi le déranger : il le manifeste en bougeant et ses battements du cœur s'accélèrent.

Quelle attitude adopter ?

Continuez à lui parler régulièrement durant les derniers mois : il pourrait ainsi reconnaître votre voix après la naissance !
Et si vous vous mettiez à l'haptonomie afin de communiquer avec votre bébé ?
La séance d'haptonomie est un moment privilégié de contact et de partage. Placé derrière votre compagne allongée, vous pouvez mettre vos mains sur son ventre. Guidés par le praticien haptonome, vous effectuez de légères pressions et des touchers. Objectif ? Inviter le bébé à jouer avec vous, et peut-être se lover dans votre paume. Expérience riche en émotions !
Les séances d'haptonomie invitent aussi les parents à poursuivre à domicile ces moments privilégiés à trois. Ce contact apporte une

sérénité au fœtus et favorise son développement. Une manière aussi pour le père d'établir une relation affective avec l'enfant, mais aussi de soulager la maman.
Durant le dernier trimestre, quand bébé prend plus de place, il peut, en effet, prendre une position qui la gêne. Grâce à l'haptonomie, maman pourra inviter bébé en douceur à changer de position légèrement. Et ce d'autant plus que, grâce à ce contact affectif, l'utérus de la maman va se détendre. De quoi vivre une grossesse confortable.

Et à bannir ?

Ne vous sentez pas rejeté si votre bébé ne réagit pas immédiatement à la pression de vos mains : il a, lui aussi, besoin de se familiariser avec vous !

Le saviez-vous ?

L'haptonomie a été développée au milieu et à la fin du XXIe siècle par le médecin hollandais Frans Veldman. Ce chercheur en sciences de la vie a consacré ses études aux relations affectives et émotionnelles, qui, rappelons-le, commencent dès la grossesse, entre le fœtus et la maman bien sûr, mais aussi le papa. Car, en grec, « hapto- » signifie « prendre contact pour réunir et rassembler ».
Après avoir créé l'haptonomie, Frans Veldman décide d'enseigner cette véritable science de l'affectivité. Cet apprentissage se développe en France dans les années quatre-vingts. Et depuis une dizaine d'années, un nombre croissant de professionnels sont formés à l'accompagnement périnatal.

34 ELLE NE SUPPORTE PLUS MON AFTER-SHAVE

Comment ça, votre after-shave lui donne la nausée ? Pourtant vous n'en avez pas changé depuis des années ! Certes, mais sachez que l'odorat des futures mamans est beaucoup plus aiguisé qu'à l'accoutumée.

Que se passe-t-il ?

L'afflux d'œstrogènes entraîne pendant la grossesse une hypersensibilité olfactive.
C'est ainsi que les futures mamans découvrent parfois dans leur parfum ou dans celui de leur compagnon une note qu'elles n'aiment pas. Certaines fragrances peuvent même les incommoder au point de déclencher des nausées et des maux de tête…
Autre désagrément de taille : la grossesse peut provoquer une augmentation de la transpiration. Or, cette hypersudation vient perturber la composition de leur eau de toilette, qui risque de virer.

Quelle attitude adopter ?

Même si beaucoup de futures mères se contentent de leur odeur naturelle ou de senteurs sans caractère, c'est le moment de lui offrir une nouvelle eau de toilette plus légère ! Vous pouvez la choisir en fonction de son état d'esprit. Si elle ne rêve que de nature, offrez-lui une fragrance à base de fleurs blanches, et si sa grossesse lui donne la pêche, optez pour des senteurs plus vitaminées, avec du citron ou du thé vert.

Quant à vous, si la simple évocation de votre after-shave lui donne envie de tourner de l'œil, c'est le moment d'en changer ! Vous ne serez pas moins viril si vous adoptez une version moins musquée.

Et à bannir ?

Gare à toutes les odeurs en général, et notamment aux parfums d'ambiance et aux odeurs de cigarette ou de cuisine que supportent mal les futures mamans.

Philippe, 42 ans : « Pendant la grossesse de ma compagne, j'ai cru que c'est moi qu'elle ne supportait plus – elle fuyait dès que je sortais de la douche ! – avant de réaliser que la seule odeur de mon gel douche lui donnait la nausée ! Même ma mousse à raser l'indisposait. Sans parler de mon after-shave, qu'elle avait toujours adoré. Heureusement, au bout de quelques mois, tout est rentré dans l'ordre. J'ai même pu ressortir ma bonne vieille eau de toilette que j'avais soigneusement éloignée, espérant le retour de jours meilleurs. »

35 JE M'INTERROGE SUR LA PATERNITÉ

Neuf mois pour devenir papa ? Ce n'est pas de trop, car, contrairement à votre compagne, il va vous falloir faire preuve d'imagination ! Mais ne vous défilez pas pour autant, c'est dès maintenant.

Que se passe-t-il ?

Pour une femme enceinte, la présence de son enfant devient progressivement une réalité. Pas seulement physiquement, mais aussi psychiquement.

Pour les futurs papas comme vous, les choses sont différentes et plus complexes. Quels que soient votre degré d'investissement et votre désir d'être associé à la grossesse, vous restez à l'extérieur du processus. Vous devez donc faire un effort d'imagination pour donner réalité à votre enfant.

Quelle attitude adopter ?

Expliquez à votre compagne, tout entière consacrée à son bébé, que vous avez besoin de vous sentir impliqué. Assistez, autant que faire se peut, à tous les examens et à toutes les consultations ayant lieu durant la grossesse.

Voici aussi quelques pistes pour devenir père concrètement, tout en douceur !

Commencez par construire la tanière de bébé ! Bricolez son futur berceau, allez choisir le bon siège-auto… autant de travail évité à la future maman, qui se sentira soutenue.

Vous pouvez et devez également seconder votre compagne au quotidien, et participer notamment à la préparation à l'accouchement.

C'est aussi le moment de réfléchir à votre place dans votre propre chaîne des générations, à savoir votre famille.

C'est enfin et surtout le moment d'apprendre à être deux fois plus patient que d'habitude !

Et à bannir ?

Ne restez pas bloqué sur les images d'Épinal et les souvenirs heureux de votre vie d'insouciance à deux.
Accéder au rôle de père, c'est aussi accepter que votre couple change, accepter de changer vous-même. Et accepter enfin que le statut de votre compagne évolue aussi. Amante, elle va devenir maman. Mais rassurez-vous, elle peut aussi être les deux !

Pour en savoir plus

La bonne idée

➔ Il existe maintenant dans les maternités des groupes de parole pour les futurs pères. Ils peuvent échanger, poser des questions, mais aussi exprimer leurs craintes de décevoir et de ne pas être à la hauteur.

➔ Le rapport à son propre père y est aussi un thème récurrent. Ceux qui ont participé à ces groupes s'impliquent plus volontiers dans la naissance de leur bébé.

36 DU SPORT, OUI, MAIS PAS TROP !

Grande sportive, elle craint de perdre sa légendaire silhouette et de devoir bannir ses séances de jogging avec ses copines. Que nenni : même s'il faut mettre la pédale douce, le sport n'est pas interdit pendant la grossesse. Bien au contraire, s'il est pratiqué en douceur !

Que se passe-t-il ?

Attendre un bébé entraîne des modifications dans l'organisme. Le volume sanguin et le débit cardiaque augmentent. La capacité pulmonaire est légèrement diminuée et les futures mamans s'essoufflent davantage. Les hormones sécrétées en grande quantité rendent leurs ligaments plus extensibles. Elles sont plus souples, mais risquent aussi de se tordre plus facilement la cheville ! Leur poids et l'encombrement de leur ventre s'accroissent également.

Cependant, si votre compagne est une sportive convaincue, elle peut continuer l'activité physique. Avec elle, le stress s'envole. La circulation sanguine s'améliore, les jambes et le corps s'allègent. Les kilos superflus sont maintenus à distance et la sangle abdominale est bien entretenue.

À l'inverse, si votre chère et tendre est réfractaire à toute forme d'effort, ce n'est pas le moment de se mettre au sport !

Quelle attitude adopter ?

Les règles d'or sont : prudence et modération. Un effort très intense, long et répétitif pourrait entraîner une souffrance fœtale, une hypoglycémie ou une chute de tension.

Le sport le plus conseillé pendant la grossesse est la natation. Elle favorise la circulation des jambes et assouplit les articulations et le périnée. Elle procure un vrai moment de détente et s'avère être un exercice respiratoire, cardiaque et musculaire complet. Dans l'eau, le corps flotte et la future maman n'est plus gênée par son poids.

Le yoga ou les séances de Pilates apportent aussi bien-être et relaxation. La marche active la circulation sanguine, particulièrement celle des jambes. Elle améliore la respiration et renforce la

sangle abdominale. La gymnastique douce au sol fait travailler tous les muscles en souplesse. Quant au stretching, il étire le corps en douceur.
Si votre compagne en fait régulièrement, elle peut aussi continuer le tennis et le vélo (mais pas sur des terrains accidentés) avec modération jusqu'au 5e mois ; le golf jusqu'au 6e mois, uniquement si c'est une bonne joueuse.

Et à bannir ?

Certaines activités sont déconseillées pendant la grossesse. C'est le cas de la plongée sous-marine, absolument contre-indiquée à tous les stades de la grossesse.
Les sports avec risque de chutes et de traumatismes importants comme l'équitation, le ski nautique, la planche à voile par grand vent, etc., sont également à proscrire, de même que les arts martiaux, les sports de combat et les sports collectifs.
Enfin, la course à pied, le squash et tous les sports intensifs (tel l'aérobic) fatiguent beaucoup trop l'organisme et risquent de provoquer des contractions.

Pour en savoir plus
Échauffement indispensable

➔ Avant de commencer ou de continuer un sport, votre compagne doit demander l'avis de son médecin et ne pas dépasser plus d'une heure et demie de sport par semaine. Elle doit toujours prévoir au moins cinq minutes d'échauffement. Elle doit aussi boire beaucoup d'eau pendant la séance et prévoir un en-cas à manger. La tenue est également importante : elle peut opter pour des vêtements en coton amples, sans oublier de porter un bon soutien-gorge, avec des bretelles larges et renforcées, et une bande sous la poitrine soutenant bien les seins. Enfin, elle ne doit pas se croire aux jeux Olympiques : il faut y aller à son rythme, et surtout s'écouter !

37 NOUS DÉPOSONS UNE LISTE DE NAISSANCE

Vous craignez par-dessus tout de devoir entreposer les quinze tenues premier âge offertes en surnombre par votre entourage ? Et si vous optiez pour une liste de naissance ?

Que se passe-t-il ?

La naissance de votre enfant est l'un des moments les plus importants de votre vie. Il faut donc le préparer avec attention. L'établissement d'une liste de naissance vous aide à ne rien oublier. Cela facilite aussi la vie de vos parents et de vos amis qui ne savent pas toujours quel cadeau vous ferait plaisir !

Quelle attitude adopter ?

Vous pouvez créer une liste de naissance sur Internet (www.berceaumagique.com ou www.dpam.fr par exemple) ou dans un magasin. Le plus souvent, elle est indiquée sur le faire-part de naissance. Vous pouvez aussi informer vos proches de son existence uniquement quand ils vous demandent ce dont vous avez besoin.
Une fois la liste créée et la naissance annoncée, renseignez-vous régulièrement au sujet des contributions effectuées par vos proches.

Il vous suffira ensuite de récupérer au magasin ou de vous faire livrer les cadeaux offerts, et bien entendu de remercier les généreux donateurs !

Et à bannir ?

Cette liste de naissance doit rester facultative, car certaines personnes, notamment les plus âgées, préfèrent choisir elles-mêmes un cadeau. Donc, attendez-vous quand même à quelques « surprises » !

D'autre part, il est risqué de faire figurer sur cette liste les indispensables de la sortie de maternité. N'oubliez pas que la plupart de vos proches ont besoin d'un peu de temps pour faire leur choix.

Pour en savoir plus

La liste type

Toilette :

- 1 espace à langer ;
- 1 équipement pour le bain ;
- 1 thermomètre ;
- 1 sortie-de-bain et/ou 3 serviettes de bain.

Chambre :

- 1 lit et 1 matelas ;
- 1 armoire ;
- 1 commode ;
- 1 espace à langer ;
- 1 tour de lit ;
- 1 ou 2 parures de lit ;

Repas :

- 6 biberons + 6 tétines ;

- 6 bavoirs ;
- 1 stérilisateur ;
- 2 goupillons, pour nettoyer les biberons ;
- 1 pèse-bébé ;
- 1 chaise haute ;
- 1 cuillère ;
- 1 tasse ;
- 1 assiette ;
- 1 cuiseur vapeur.

Éveil :

- 1 transat ;
- 1 mobile musical ;
- 1 boîte à musique ;
- des hochets ;
- 1 portique ;
- 1 tapis d'éveil ;
- 1 parc ;
- 1 tableau d'éveil ;
- des formes à empiler ;
- des jouets de bain ;
- des livres en tissu ou en plastique ;
- 1 trotteur.

Sécurité :

- 1 interphone ;
- 1 détecteur de température ;
- 1 humidificateur d'air ;
- des cache-prises ;
- 1 barrière de sécurité.

Sorties :

- 1 poussette ;

- 1 sac à langer ;
- 1 ombrelle/canopy ;
- 1 protège-pluie ;
- 1 ou 2 parures de landau ;
- 1 porte-bébé.

Voyage :

- 1 siège-auto ;
- 1 chancelière (sorte de sac fourré qui se clipse sur la poussette et permet de tenir les jambes de bébé au chaud) ;
- 1 réducteur pour les longs trajets, qui permet de bien caler la tête de votre bébé dès le plus jeune âge ;
- 1 chauffe-biberon de voyage ;
- 1 lit parapluie.

38 DE RETOUR DANS UNE CUISINE APRÈS QUINZE ANS D'ABSENCE

S'il y a bien un lieu que vous ne fréquentez plus depuis votre tendre enfance, c'est la cuisine. Il faut dire que, dès que vous vous prenez pour un chef étoilé, votre chère et tendre préfère reprendre la main, affamée après deux heures d'attente. Seulement voilà, il va falloir faire un petit effort et remettre votre tablier pour soulager la future maman !

Que se passe-t-il ?

Vous avez sans doute remarqué que votre compagne est parfois fatiguée le soir après le travail. Le week-end, elle aspire à autre chose

qu'à vous concocter de bons petits plats. N'est-ce pas l'occasion de lui faire plaisir et de retourner dans la cuisine ?
D'autant que, contrairement à une idée reçue, cuisiner n'incite pas à manger plus ! Sucres, graisses, épices seront sous votre contrôle, et vous retrouverez ainsi un rapport sain à l'alimentation. Sans compter que vous pourrez faire quelques économies en vous privant de vos plats cuisinés préférés. Économies qui vous permettront de lui offrir une séance de massage.

Quelle attitude adopter ?

Rassurez-vous : vous n'êtes pas obligé d'abandonner définitivement votre meilleure amie la télé pour les joies de la cuisinière ! Votre compagne sera déjà ravie si vous vous mettez aux fourneaux le week-end et si vous lui proposez de faire les courses.
Si elle a tendance à manger trop ou au contraire à surveiller sa ligne, vous pourrez l'aider en composant des menus sains.

Et à bannir ?

N'en profitez pas pour adopter la « monomaniaque attitude » et ne faire que les plats lourds que vous adorez ! La tartiflette ou la pizza quatre fromages, oui, mais pas tous les soirs.
Et, par pitié, ne laissez pas la cuisine tel un champ de ruines sous prétexte que vous avez fait le repas !

Le saviez-vous ?

Contrairement aux apparences, les hommes aux fourneaux forment une espèce en voie d'apparition ! Selon une enquête réalisée par l'Ipsos, 80 % des hommes de moins de 35 ans disent même s'intéresser de plus en plus à la cuisine, soit plus que les femmes du même âge.
Ce sont les jeunes hommes qui montrent l'intérêt le plus marqué pour les fourneaux. À tel point qu'au sein des couples de moins de 33 ans, ce sont systématiquement les hommes qui cuisinent au quotidien.
Les femmes ne détiennent donc plus exclusivement le savoir-faire culinaire. Le modèle de transmission mère/fille est en panne depuis les années soixante-dix. Ainsi, les hommes sont désormais décomplexés par rapport à leurs compagnes.
D'autre part, faire la cuisine permet aux hommes de surveiller leur alimentation.

39 JE ME CREUSE LA TÊTE POUR SOULAGER SES DOULEURS LIGAMENTAIRES

Elle a des tiraillements dans le bas du ventre et dans les jambes, c'est normal ? Eh oui, ce sont les fameuses « douleurs ligamentaires » auxquelles s'ajoutent des sensations douloureuses dans l'abdomen.

Que se passe-t-il ?

Pendant la grossesse, les tendons et ligaments se relâchent sous l'influence des hormones. Cela fait bouger certaines articulations, entraînant des douleurs dans les lombaires, le pubis, les cuisses…

Par ailleurs, l'utérus, en augmentant de volume, va se redresser et migrer dans la cavité abdominale. Il comprime alors les organes voisins, intestin et vessie. Avec, à la clé, quelques spasmes douloureux, mais surtout angoissants pour les futures mamans enceintes pour la première fois.

Quelle attitude adopter ?

Si les douleurs de votre compagne sont sporadiques et/ou surviennent seulement quand elle fait des efforts, inutile de vous affoler. Conseillez-lui de s'allonger. Si elle a vraiment très mal, elle peut se tourner vers un ostéopathe. Habitué à traiter des futures mamans, il saura soulager ce type de douleurs.
Le paracétamol est également efficace.

Et à bannir ?

Il est parfois difficile d'identifier une douleur ligamentaire. Donc, pour ne pas la confondre avec une contraction, consultez votre médecin.

Pour en savoir plus
Du magnésium pour soulager

➔ Les douleurs ligamentaires pendant la grossesse peuvent être partiellement soulagées par la prise de magnésium. Les besoins en magnésium augmentent d'environ 50 % pendant la grossesse. Il est recommandé d'en consommer 400 mg par jour. Vous pouvez en trouver de façon naturelle dans les céréales complètes : le riz, les farines, les germes de blé. Il y en a également beaucoup dans les bananes, le chocolat, les amandes, les cacahuètes, les noix et les noisettes.

40 ELLE PRÉVIENT SON EMPLOYEUR

Elle repousse le moment où elle informera son employeur qu'il devra se passer de la plus précieuse de ses collaboratrices pendant quelques mois. Elle va pourtant devoir en passer par là avant que son ventre ne la trahisse.

Que se passe-t-il ?

Officiellement, votre compagne n'est pas tenue d'annoncer sa grossesse. Dans les faits, il est préférable d'en informer son employeur dès l'envoi de sa déclaration de grossesse aux organismes sociaux.

Quelle attitude adopter ?

Tout dépend des relations de votre compagne avec sa direction. Si elle entretient de bons rapports avec ses supérieurs, vous pouvez lui conseiller d'avertir sa hiérarchie de vive voix. Il lui suffira ensuite d'envoyer un courrier en recommandé avec accusé de réception à la direction du personnel.
Il est toutefois conseillé de toujours avertir son supérieur hiérarchique par le biais d'une lettre recommandée avec accusé de réception.
Dans sa lettre, elle doit annoncer qu'elle est enceinte, indiquer sa date présumée d'accouchement et ses dates de congé maternité. Pour ménager les susceptibilités, elle peut préciser qu'elle reste à la disposition de son employeur pour former la personne qui la remplacera.

Et à bannir ?

Ne la laissez pas adopter la politique de l'autruche ! Plus tôt elle annoncera sa grossesse à son employeur, plus sereinement cette dernière se déroulera.
Si son employeur ne laisse pas éclater sa joie lors de l'annonce de l'heureuse nouvelle, qu'elle ne se braque pas ! Conseillez-lui de solliciter un rendez-vous afin d'en discuter au calme.

Le saviez-vous ?

Une femme enceinte qui recherche un emploi n'est pas tenue de dire qu'elle est enceinte. D'autre part, l'employeur n'a pas le droit, lors de l'entretien d'embauche, de lui poser la question oralement ou par écrit. Il ne pourra pas non plus invoquer ultérieurement cette dissimulation pour la licencier pour cause réelle et sérieuse.
De son côté, le médecin du travail doit garder le secret professionnel s'il constate sa grossesse lors de la visite médicale d'embauche.

41 LE PÉRINÉE : UN ENSEMBLE MUSCULAIRE IGNORÉ

Bon d'accord, il a quelques mois vous ignoriez où se situait le périnée et surtout à quoi il servait ! Mais depuis quelque temps, on ne vous parle que de lui et de son rôle capital pendant et après la grossesse.

Que se passe-t-il ?

Le périnée est un ensemble de muscles situés autour de la vulve et de l'anus ; ces muscles constituent le plancher pelvien. Il permet de soutenir l'ensemble des organes génitaux. C'est le dernier obstacle à franchir pour votre bébé au moment de l'accouchement.
La tonicité du plancher pelvien conditionne le bon fonctionnement des sphincters et la qualité de la vie sexuelle.
Peu musclé, il entraîne des pertes urinaires après un effort, surtout après l'accouchement. Plus rarement, un relâchement important du périnée peut s'accompagner d'incontinence fécale et/ou de descente d'organes (prolapsus).
D'où l'intérêt de le muscler !

Quelle attitude adopter ?

Pour renforcer ce muscle, votre compagne peut le contracter et le relâcher plusieurs fois par jour. Les cours de préparation à l'accouchement lui permettront également d'apprendre des exercices pour l'entretenir et le tonifier ; des exercices à pratiquer régulièrement dès le deuxième trimestre !

Et à bannir ?

Méfiez-vous du célèbre « stop-pipi ». En réalité, cet exercice a pour but de faire prendre conscience du mouvement des sphincters. Il ne faut pas en abuser, car il pourrait dérégler le réflexe de miction. De plus, avec le « stop-pipi », il reste un peu d'urine non évacuée dans la vessie, ce qui peut provoquer des infections urinaires.

Pour en savoir plus
La rééducation périnéale

➔ Destinée aux femmes ayant accouché par voie basse, la rééducation périnéale redonne de la tonicité à ce petit muscle. Remboursée à 100 % par la Sécurité sociale, elle se pratique chez un kinésithérapeute ou une sage-femme environ six semaines après l'accouchement. Elle nécessite une dizaine de séances.

➔ La méthode la plus courante pour rééduquer le périnée est la stimulation électrique. Elle consiste à introduire dans le vagin une sonde délivrant des courants électriques d'intensité variable, provoquant une contraction réflexe indolore du plancher pelvien.

42 FINI, LA CONDUITE MUSCLÉE : JE MODÈRE MES ÉLANS EN VOITURE

Adeptes de la conduite musclée en ville et des longs trajets sur autoroute, il va falloir mettre la pédale douce ! Votre chère et tendre doit en effet éviter, autant que faire se peut, les soubresauts et les voyages marathon.

Que se passe-t-il ?

Pendant la grossesse, les secousses, rarement dangereuses, peuvent tout de même entraîner un relâchement des ligaments et provoquer de légères contractions.
Une future maman conductrice doit aussi tenir compte des troubles inhérents à sa grossesse qui risquent de perturber sa conduite.

Quelle attitude adopter ?

Même si cela peut sembler évident, rappelez-lui de toujours porter sa ceinture de sécurité, même sur de petits trajets. Sans elle, en cas d'accident, elle risque d'être éjectée de la voiture, éjection qui peut entraîner des traumatismes graves pour la maman comme pour le fœtus.

La ceinture constitue donc une protection, à condition de l'attacher de sorte qu'elle ne provoque pas de pression sur l'abdomen. La sangle horizontale doit donc être placée sous le ventre, aussi bas que possible.

D'autre part, sachez que la place la plus dangereuse est la place avant droite. Vient ensuite celle du conducteur. Incitez-la donc à rester à l'arrière de la voiture.

Pour voyager confortablement, veillez à ce que votre voiture ait de bonnes suspensions. Pour un confort maximal, pensez à prendre avec vous des petits coussins que vous poserez au niveau des lombaires de votre compagne. Elle peut également utiliser un coussin sous ses pieds.

Enfin, en cas de long trajet, faites des pauses tous les cent kilomètres.

Et à bannir ?

Exit, le 4 x 4 ! Évitez aussi de rouler sur des routes ou des chemins irréguliers, ou dans une voiture trop vieille.

À partir du 9e mois, et même si elle insiste, ne la laissez plus conduire.

Pour en savoir plus
La bonne idée

➔ Lorsque votre compagne est au volant, personne ne peut voir son ventre arrondi et en déduire l'heureux événement. Alors, pour qu'elle soit un peu chouchoutée par les autres, n'hésitez pas à coller sur le pare-brise arrière l'autocollant : « Femme enceinte en voiture ». Cela lui épargnera certainement la mauvaise humeur ou la conduite intempestive de certains automobilistes !

43 GARE AUX INFECTIONS URINAIRES !

Dix pour cent des femmes souffrent d'infections urinaires au cours de la grossesse. Pas de panique : la plupart des infections sont repérées et traitées. Mais certains gestes simples permettent de les prévenir la plupart du temps.

Que se passe-t-il ?

Les femmes sont nombreuses à traverser de douloureux épisodes de cystite. La principale coupable est une bactérie appelée « *Escherichia coli* », responsable de 70 % des infections urinaires. Cette bactérie est présente en permanence dans l'intestin, où elle est absolument inoffensive. Mais il arrive qu'elle remonte dans la vessie en passant par la région vulvaire, provoquant alors une infection.
Parfois, les germes présents dans la vessie continuent leur ascension vers les reins en passant par deux canaux (les uretères). Cette complication est appelée « pyélonéphrite ».

Les cystites sont fréquentes chez les futures mamans. En cause : la baisse générale des défenses immunitaires et une dilatation du canal de l'urètre sous l'effet de la progestérone.

Quelle attitude adopter ?

L'eau est la meilleure alliée de la future maman pour noyer les bactéries ! Celles-ci détestent les urines peu concentrées. Boire abondamment est important, surtout l'été, car la transpiration accroît l'élimination d'eau et favorise la concentration des urines.

Votre compagne doit veiller à s'essuyer d'avant en arrière pour éviter de déplacer les matières fécales vers la vulve et l'orifice urinaire. En outre, un lavage quotidien des parties génitales avec un séchage soigneux est indispensable. Enfin, il est important d'évacuer sa vessie après chaque rapport sexuel.

Et à bannir ?

Conseillez-lui d'éviter de porter des pantalons ou des sous-vêtements synthétiques. Ils favorisent la rétention d'humidité.

Elle ne doit pas non plus se retenir d'uriner. Attention aussi à la constipation, qui peut favoriser les cystites.

Pour en savoir plus
Et si elle se mettait à la cranberry ?

➔ La cranberry, ou canneberge, est riche en proanthocyanidine, une substance qui contribue à diminuer la fixation des germes de l'Escherichia coli sur les parois des voies urinaires. Incapables d'adhérer, les germes sont éliminés de manière naturelle.

Un grand verre de canneberge avalé quotidiennement devrait donc suffire à prévenir cette infection. Les Américaines sont d'ailleurs de ferventes adeptes de la petite baie depuis plusieurs dizaines d'années. Mais que les rétives à sa légère amertume se rassurent : on trouve aussi la cranberry sous forme de compléments alimentaires.

44 ELLE SE TROUVE TROP GROSSE : MOI, JE LA TROUVE SUPERBE !

C'est bien simple : la balance était déjà sa meilleure ennemie avant la grossesse. Maintenant, c'est son ennemie jurée ! Elle se pèse tous les jours et appréhende déjà le régime qui lui faudra entamer dans quelques mois pour rentrer dans son « pantalon étalon ». Il s'agit de rester raisonnable pendant la grossesse : il faut penser au bébé, mais ne pas en profiter pour s'empiffrer.

Que se passe-t-il ?

En dehors de l'accouchement, la prise de poids reste la crainte de toutes les futures mamans. Rappelons que la prise de poids moyenne est comprise entre 9 et 12 kg.
Au cours du premier trimestre de grossesse, votre compagne ne risque pas d'être préoccupée par sa ligne. La prise de poids est faible, voire nulle, et passe donc inaperçue. Dans certains cas, elle va peut-être même perdre 1 ou 2 kg, surtout si elle a des nausées.
C'est au début du deuxième trimestre que les kilos vont s'installer. Après six mois de grossesse, à la fin du deuxième trimestre, elle doit avoir pris à peu près 6 kg : deux pour le fœtus et quatre rien que pour elle.

Au cours du troisième trimestre, la prise de poids est de 1 kg par mois.

Quelle attitude adopter ?

Votre compagne doit équilibrer ses repas sans pour autant manger trop.
Si vous faites la cuisine, accordez une place privilégiée aux légumes et aux fruits frais que vous laverez avec attention. N'oubliez pas les fruits secs au petit déjeuner et les produits laitiers. La future maman doit consommer au moins une fois par jour de la viande ou du poisson pour leur teneur en protéines, minéraux et vitamines.
Elle ne doit pas bannir le pain, mais privilégiez le pain complet, car il est source de fibres et de sucres lents.
Préférez l'huile d'olive au beurre pour cuisiner vos aliments, le mieux étant, bien entendu, une cuisson sans matières grasses. Enfin, il lui est conseillé de consommer des produits sans sucre ajouté.

Et à bannir ?

Attention à une prise de poids trop importante ! Le surpoids chez la femme enceinte entraîne, en effet, des risques pour elle et pour son bébé. L'hypertension est la maladie la plus fréquente chez les femmes enceintes en surpoids et un suivi est nécessaire pour éviter un retard de croissance chez le bébé.
Les maladies cardio-vasculaires et le diabète gestationnel sont aussi favorisés par une prise de poids excessive.
À l'inverse, une prise de poids insuffisante peut entraîner la naissance d'un prématuré ou d'un bébé de faible poids.

Le saviez-vous ?

La prise de poids autorisée dépend de l'IMC initial (indice de masse corporelle) :
- IMC inférieur à 20 : de 12,5 à 18 kg ;
- IMC entre 20 et 26 : de 11,5 à 16 kg ;
- IMC entre 26 et 29 : de 7 à 11,5 kg ;
- IMC supérieur à 29 : de 6 à 10 kg.

45 À QUOI SERT LA DEUXIÈME ÉCHOGRAPHIE ?

Enfin, *the* rencontre, la vraie ! Celle qui aura lieu lors de la deuxième échographie.

Que se passe-t-il ?

Elle se pratique entre la 21e et la 24e semaine d'aménorrhée.
C'est l'examen clé pour le dépistage des malformations fœtales.
Il permet aussi l'évaluation de la croissance fœtale, l'étude de la localisation et de la morphologie placentaires, et l'évaluation de la quantité de liquide amniotique.
Sont également mesurées les tailles du fœtus, de l'abdomen, du fémur et de la tête.
Tous les organes vitaux vont être contrôlés : cœur, foie, reins, vessie, appareil urinaire…
La deuxième échographie permet aussi la plupart du temps de connaître le sexe de l'enfant.

Quelle attitude adopter ?

Si vous ne souhaitez pas connaître le sexe du bébé, prévenez le médecin dès le début de l'examen. Cela lui évitera d'en dire trop... Si dans votre couple, l'un veut savoir et l'autre pas, c'est très simple : celui qui souhaite être mis au courant demandera à l'échographe de le lui dire à l'oreille ou par téléphone plus tard et gardera le secret pour lui.

Et à bannir ?

Ne comptez pas expédier cet examen en dix minutes et avoir le temps de repartir au bureau : durant environ trois quarts d'heure, la deuxième échographie est la plus longue.

Fabien, 42 ans : « Pour la deuxième échographie, nous étions très impatients de savoir si on attendait une fille ou un garçon. Cette révélation constituait pour nous un moment presque aussi attendu que la naissance ! Notre famille et nos amis trépignaient d'impatience. C'était un petit bonhomme.
Passé ce moment d'excitation, on nous a rappelé l'importance de cette échographie d'un point de vue médical. Notre bébé se développait bien : il n'y avait aucun problème. On distinguait avec précision tout le squelette, c'était incroyable. On a aussi vu et entendu son cœur battre. C'est extrêmement émouvant de se dire que c'est une image qu'on ne verra qu'une seule fois dans sa vie. Dans un moment comme ça, on se tient la main très fort et on ne retient plus ses larmes. »

46 FINI, LE DÉSERT SEXUEL !

S'il y a un domaine très fluctuant pendant la grossesse, c'est bien la libido. Mais passé les affres du premier trimestre, votre compagne est submergée par un désir qui peut parfois vous décontenancer.

Que se passe-t-il ?

Au début du deuxième trimestre, votre compagne commence à trouver peu à peu son rythme de croisière. Au fur et à mesure, son corps change, sans être encore imposant.

Le deuxième trimestre s'avère donc être la phase la plus épanouie de la grossesse, avec en prime une hausse du désir et du plaisir ! Les femmes peuvent d'ailleurs parfois ressentir des pulsions sexuelles soudaines.

Tout est là en effet pour favoriser le plaisir. Leurs organes génitaux et leurs seins sont plus sensibles, car mieux irrigués du fait de l'augmentation du taux d'œstrogènes. Du 3e au 6e mois, c'est le moment où leur désir atteint des sommets. Dès le 4e mois, les tissus de la zone génitale sont plus épais et congestionnés. Le vagin, lui, est plus humide. Ce qui explique aussi cette impression de désir incessant.

Quelle attitude adopter ?

Profitez avec votre compagne de cette libido optimale. Car lors du troisième trimestre, tout deviendra de moins en moins confortable. Si vous êtes un peu intimidé par ces élans sexuels, soyez à l'écoute de ses désirs et n'hésitez pas à alterner câlins et étreintes.

Et à bannir ?

Oubliez le missionnaire ! Cette position, possible au début, devient inconfortable dès le deuxième trimestre. Au 6e mois, le ventre arrondi et les seins douloureux la rendent impossible. Seule solution : que vous supportiez le poids de votre corps sur vos avant-bras.

Mathieu, 26 ans : « Les trois premiers mois ont été un peu chaotiques : le corps qui change, les bouleversements hormonaux et les sautes d'humeur qui vont avec… Nos rapports avec ma compagne étaient peu fréquents. Mais après, elle s'est sentie très épanouie et elle a ressenti le besoin de me montrer que même enceinte, elle avait très envie de moi ! Ce qui m'a, je l'avoue, un peu désarçonné ! Et un peu bloqué pendant une quinzaine de jours, jusqu'à ce que nous en discutions et que j'admette que j'avais surtout peur de lui faire mal. Depuis qu'elle m'a rassuré à ce sujet, notre libido est optimale ! »

47 MASSAGES AU MENU CONTRE LES VERGETURES

Elles les redoutent toutes ! Quoi ? Les fameuses vergetures ! Ces marques violacées apparaissent quand le corps est soumis à un changement de poids, et donc plus particulièrement pendant ces neuf mois. Heureusement, elles ne sont pas systématiques.

Que se passe-t-il ?

Les vergetures sont des lésions de la peau. Elles résultent de la rupture des fibres élastiques et de la désorganisation des fibres de collagène produites par les fibroblastes au niveau du derme. Lors de leur apparition, elles sont légèrement en relief et de couleur rouge violacé, aspect qui indique un état inflammatoire. Puis, elles deviennent blanc nacré.

Elles sont localisées principalement sur le ventre, les seins, les hanches, les cuisses et les fesses.

Elles apparaissent lors d'une variation rapide de poids, d'une grossesse ou à la puberté. Les fibroblastes n'ont pas le temps de produire suffisamment d'élastine pour faire face à ces tensions importantes. Le réseau de fibres élastiques ne résiste donc pas et se rompt par endroits.

D'autre part, la production de fibres dermiques est sous l'influence d'une hormone : le cortisol. Un excès de cortisol inhibe la production de collagène et d'élastine par les fibroblastes. Lors des variations hormonales, une production plus importante de cortisol peut apparaître. On observe alors une fragilisation du réseau fibreux qui résiste moins bien aux sollicitations.

Quelle attitude adopter ?

Pour prévenir l'apparition des vergetures, votre chère et tendre doit hydrater au maximum sa peau : elle l'aidera ainsi à mieux supporter l'étirement. Elle peut miser sur les actifs ultra-nourrissants et ne doit pas hésiter pas à tartiner deux fois par jour les zones stratégiques, mais aussi l'ensemble de son corps.

Et si vous en profitiez pour lui faire un petit massage ?

Si vous lui proposez un massage le matin, optez pour un lait qui ne collera pas à ses vêtements. Le soir, appliquez une huile nutritive et délicatement parfumée. Il existe aussi des produits antivergetures à base notamment de *centella asiatica* et d'huile de bourrache.

Et à bannir ?

Gare à la prise de poids excessive et trop brutale qui ne laisse pas assez de temps à sa peau pour s'adapter à ses nouvelles formes. Pas d'illusions non plus : une fois installées, les vergetures ne disparaîtront pas toutes seules !

Pour en savoir plus
Comment faire disparaître les vergetures ?

➔ Seul le dermatologue dispose de l'arsenal nécessaire pour éliminer totalement les vergetures.

➔ Il prescrit après l'accouchement un traitement à la vitamine A acide qui atténue les marques, ou propose des séances de dermabrasion. Le laser ou la lumière pulsée peuvent également atténuer la présence de ces inesthétiques stries.

48 JE SOULAGE SES PROBLÈMES CIRCULATOIRES

Elle passe son temps à répéter que ses jambes sont comme des poteaux, et vous fait remarquer à tout bout de champ qu'elles sont couvertes de petites étoiles peu esthétiques... En cause : une mauvaise circulation sanguine, fréquente durant la grossesse.

Que se passe-t-il ?

Pourquoi la grossesse est-elle une période à risque ?
Les hormones sont encore une fois montrées du doigt, les œstrogènes favorisant, entre autres, l'apparition d'œdèmes.
Au niveau de l'abdomen, l'utérus comprime également les veines, et l'augmentation du volume sanguin n'arrange rien.
Les problèmes veineux augmentent également avec le nombre de grossesses.

Quelle attitude adopter ?

C'est un leitmotiv, mais une femme enceinte ne doit pas prendre trop de poids ! En effet, les kilos superflus fragilisent le réseau veineux en renforçant la pression vers le bas.
La sédentarité et le manque d'exercice sont eux aussi ennemis des jambes. Pour faire fonctionner le système veineux, conseillez donc à votre compagne de marcher dès qu'elle le peut.
Les deux autres sports préférés des jambes sont le vélo et la natation.
Chez vous, elle peut tout simplement muscler ses mollets en marchant sur la pointe des pieds. Et pour la soulager, surélevez votre

lit de 5 à 10 cm pour améliorer le retour veineux et faciliter l'évacuation des liquides accumulés dans les tissus.
Si les symptômes persistent, qu'elle en parle à son médecin qui pourra prescrire des bas de contention et/ou des médicaments phlébotoniques.

Et à bannir ?

La chaleur aggrave les sensations de lourdeur et les douleurs. Il faut donc limiter les expositions solaires prolongées, les bains chauds, le sauna et le hammam, et l'épilation à la cire chaude.
Été comme hiver, elle peut passer un jet d'eau fraîche sur ses jambes après la douche.

Pour en savoir plus
Précieux antioxydants

➔ On sait que les antioxydants protègent la paroi des veines. Ils se cachent dans un grand nombre d'aliments. Les sources sont ainsi très diverses :

- vitamine C : poivron, goyave, oseille, citron, orange, kiwi, chou, papaye, fraise ;
- vitamine E : huile de tournesol, de soja, de maïs, beurre, margarine, œufs ;
- vitamine A : foie, beurre, œufs ;
- sélénium : poisson, œufs, viande ;
- zinc : fruits de mer, viande, pain complet, légumes verts ;
- polyphénols : fruits et légumes, vin, thé.

49 JE RENONCE AUX BONS VIEUX SOLOS DE BATTERIE POUR CHOISIR UNE MUSIQUE ADAPTÉE AU FUTUR BÉBÉ

Ah, les solos de batterie de Led Zep... Il va pourtant falloir momentanément vous en passer et découvrir de nouveaux horizons musicaux pour le bien-être auditif de votre bébé.

Que se passe-t-il ?

L'ouïe est le sens le plus développé du fœtus. Dès sa conception, il est bercé par les bruits digestifs, circulatoires et cardiaques du corps de sa maman.
Au bout de cinq mois, son oreille est si fine qu'il perçoit les sons venus de l'extérieur. Des chercheurs ont même montré qu'il était sensible aux changements de rythme et d'intonation de voix qui lui parviennent.

Quelle attitude adopter ?

Votre futur bébé préfère certains sons. Quand on lui fait écouter une musique pendant la grossesse, il réagit, et après sa naissance, la reconnaît. D'où l'intérêt de lui faire écouter très tôt de la musique, non agressive bien sûr.
Des CD de musique relaxante sont tout indiqués, mais pas seulement. Le fœtus réagit aux modifications de tempo de la musique, rapide ou plus lent. Eh oui, il bat la mesure, comme on dit. Vous pouvez donc aussi lui faire découvrir tôt des mélodies doucement rythmées.

Et à bannir !

Pas question bien évidemment de laisser la future maman à côté des enceintes lors des concerts. Il faut aussi qu'elle se préserve au maximum des sons agressifs de la ville, comme les marteaux-piqueurs ou les deux-roues « trafiqués ».

Et n'oubliez pas que votre futur bébé n'est pas sourd, donc pas besoin de hurler quand vous tentez de communiquer avec lui. Vous risquez de le faire sursauter, ce qui ne l'enchante que rarement.

Le saviez-vous ?

Boris Brott est un chef d'orchestre du Hamilton Philharmonic Orchestra, en Ontario. Un jour, on lui demande d'où il tient son amour pour la musique. Il répond que la musique fait partie de lui bien avant sa naissance. Il s'est en effet aperçu qu'il pouvait parfois se passer de partition pour diriger certaines pièces de musique, même pour la première fois. Il en parle à sa mère, elle-même violoncelliste. Lorsqu'il lui apprit de quels morceaux il était question, le mystère fut résolu. Les pièces que Brott «connaissait» par cœur étaient celles que sa mère préparait avant un concert lorsqu'elle l'attendait.

50 LA SOPHROLOGIE ? MAIS POURQUOI FAIRE ?

Vous n'êtes pas sans avoir remarqué qu'elle avait les nerfs à fleur de peau et que ces neuf mois n'étaient pas forcément aussi zen qu'on a bien voulu le faire croire.
Et si vous lui conseilliez de faire de la sophrologie ?

Que se passe-t-il ?

Durant sa grossesse, la future maman ressent plus d'émotions, mais aussi plus de stress. L'accouchement, l'état de bébé ou le fait de devenir maman provoquent de l'inquiétude.
Or, les futures mères qui ressentent de l'angoisse pendant leur grossesse encourent un risque plus important de voir leur(s) enfant(s) atteint(s) de troubles du comportement. D'où l'intérêt de combattre le stress grâce à des méthodes douces et adaptées à la grossesse, comme la sophrologie.

Quelle attitude adopter ?

Conseillez-lui de découvrir cette méthode fondée sur des techniques de relaxation.
Elle est particulièrement conseillée lors de la grossesse, car elle permet de mieux vivre toutes les transformations corporelles et psychologiques. Les séances, impérativement effectuées par une sage-femme compétente en sophrologie obstétricale, détendent le corps, puis l'esprit. Elles aident la future maman à gérer stress et tension. Ce travail lui offre surtout la possibilité de maîtriser son accouchement.

Les séances peuvent démarrer à partir du 4e mois de grossesse. Pendant la première partie de la séance, le spécialiste entame un dialogue avec la future maman. Ensuite, durant la partie pratique, l'objectif est d'apprendre à relâcher le corps. La future maman se concentre alors sur des images positives, sur des mises en situation de l'accouchement, puis sur des techniques de focalisation sur le bébé.

Et à bannir ?

Ne lui communiquez pas le vôtre, de stress. Identifiez ensemble les causes de ce dernier et ne vous laissez pas submerger par l'angoisse. Des professionnels sont à votre écoute pour gérer au mieux le stress lié à votre statut de futurs parents.

Le saviez-vous ?

Les femmes ne sont pas les seules à être victimes du stress pendant la grossesse.

Des études américaines ont en effet prouvé l'existence de comportements étranges des pères pendant la grossesse de leur compagne.

Il s'agit des « 3 F » : la crainte (*fear*), la bagarre (*fight*) et la fuite (*flight*). Tous ces comportements sont des manifestations d'angoisse tout à fait normales quand on réalise combien devenir père n'est pas une mince affaire. Sophrologie, yoga, qi gong ou acupuncture peuvent aider les futurs papas à évacuer leur stress.

51 ELLE A DES ENVIES ALIMENTAIRES ÉTRANGES : JE CÈDE OU JE RÉSISTE ?

Des fraises en plein hiver ou un hamburger en pleine nuit. Vous ne vous êtes pas privé de railler vos amis quand ils se coupaient les cheveux en quatre pour satisfaire les envies étranges de leur compagne enceinte. Maintenant que vous y êtes confronté, vous êtes bien embêté.

Que se passe-t-il ?

C'est au début du deuxième trimestre que votre compagne découvre ces fameuses envies étranges : elle n'a jamais supporté la viande rouge, et maintenant elle mangerait un bœuf entier ? Rassurez-vous, c'est normal !

Ces envies sont très aléatoires et diffèrent selon les femmes et les grossesses. Elles sont liées à une trop grande sensibilité physique et psychique pendant la grossesse, sensibilité qui se manifeste aussi par les réactions aux odeurs et aux bruits.

Selon certains médecins, ces envies pourraient aussi être l'expression de besoins physiologiques du bébé. Souvent, les femmes enceintes ont envie d'aliments riches en fer, ou encore de chocolat, ce qui peut masquer un manque en magnésium.

Quelle attitude adopter ?

Soyez attentif à ses envies et faites-lui plaisir tant qu'elles ne concernent pas uniquement des aliments gras ou sucrés !

Il faut avant tout faire preuve de mesure pour que la balance ne penche pas trop du mauvais côté.

Et à bannir ?

Ne cédez pas systématiquement ! Pensez à l'après-grossesse : après tout, c'est vous qui devrez subir ses éternelles questions concernant sa ligne, non ?

Benjamin, 29 ans : « C'est bien simple, Louise n'a que des envies alimentaires de luxe ! Elle rêve de tout ce qu'elle s'interdit en temps normal (foie gras), d'aliments qu'elle n'aime pas, comme les huîtres. Pire encore, elle réclame à cor et à cri des sushis alors que le poisson cru est déconseillé pendant la grossesse.
Les premiers temps, j'ai tenté de résister et de ne pas foncer lui acheter les aliments qu'elle réclame. Mais de guerre lasse, j'ai fini par céder. Désormais, j'achète volontiers ce dont elle a envie avec un seul interdit : pas question de me lever la nuit pour aller lui acheter des glaces italiennes, sa dernière lubie ! »

52 JE ME SENS EXCLU

Depuis que votre compagne a annoncé autour d'elle qu'elle était enceinte, elle est au centre d'un tourbillon d'attentions.
De quoi avoir le sentiment qu'on vous oublie un peu dans la bataille…
D'autant que pour vous, les questions sonnent plutôt comme des affirmations plus ou moins inquiétantes, du style « Tu es content ? » ou « Tu es conscient que tu en prends pour vingt ans ? ».

Que se passe-t-il ?

Pendant les neuf mois de la grossesse, le futur père change imperceptiblement.
Vous pouvez passer par toute une série d'émotions et d'interrogations diverses qui risquent parfois de vous isoler dans une attitude passive. Difficile en effet de trouver sa place !

Quelle attitude adopter ?

Parlez avec la future maman de ce sentiment d'isolement. Cette période de doutes et de questionnements est normale lorsqu'on devient père.
Vous pouvez également vous confier à vos amis déjà papas (si, si, vous allez y arriver). Comme vous, ils ont parfois eu l'impression d'être la dernière roue du carrosse pendant la grossesse.
Investissez-vous dans cette grossesse afin de montrer à tous, maman et bébé compris, quel superpapa vous allez être !

Et à bannir ?

On ne saura trop vous répéter que la fuite est la pire des solutions, pour vous comme pour votre famille en devenir.
Pas la peine non plus de vous transformer en Calimero : votre compagne a autre chose à faire que de s'apitoyer sur votre sort ! Et puis, un bébé, ça suffit, non ?

Le saviez-vous ?

La place qu'occupe l'histoire personnelle est primordiale dans la construction du rôle de père. Et, plus précisément, l'image que l'homme a de son propre géniteur, en tant que fils. Car le comportement du père, qu'il ait été bon ou mauvais, a une influence sur l'envie de devenir père à son tour.
Par exemple, un fils ayant eu un géniteur absent pourra réagir de deux façons différentes : soit il ne verra jamais naître en lui un désir de paternité, de peur de reproduire ce qu'il a vécu ; soit, au contraire, il éprouvera une envie irrépressible d'avoir un enfant afin de donner ce qu'il n'a pas reçu. Dans les deux cas, le désir sera conditionné par l'expérience vécue.

53 JE LE SENS BOUGER DANS LE VENTRE DE SA MAMAN

Ça fait quelques semaines que vous guettez, angoissé, la main sur le ventre de sa maman, les premiers mouvements de votre bébé. On vous a parlé de battements d'ailes de papillon ou de légères bulles, mais il faut bien avouer que vous avez du mal à sentir quoi que ce soit !

Que se passe-t-il ?

Les premiers mouvements de bébé sont imperceptibles pour la mère, et plus encore pour le père. Le fœtus est encore trop petit ; ses bras et ses jambes s'agitent uniquement dès le 3e mois de grossesse.

La future mère devra attendre le 5e mois pour percevoir les premiers mouvements. Pour un deuxième enfant, ils sont perceptibles dès le 4e mois.

Au départ, ils sont très légers et font penser à de petites bulles qui éclatent dans le ventre. Peu à peu, bébé grandit, ses membres s'allongent, sa tête devient mobile… et maman le sent. Vous aussi, enfin !

À la fin de la grossesse, le ventre peut prendre des formes surprenantes sous les mouvements de bébé : complètement sur le côté ou très en avant. C'est souvent dans les moments de calme, quand la future maman se détend, que bébé s'agite.

À l'approche du terme, bébé a plus de mal à bouger, car la place s'amenuise. Il continue pourtant, tant bien que mal.

Quelle attitude adopter ?

Caressez votre bébé au travers du ventre maternel pour lui manifester de l'attention et de la tendresse. Cette rencontre intime prénatale est essentielle. Elle permet d'instaurer une sécurité affective indispensable pour le développement harmonieux de l'enfant.

Si la future maman ne sent pas, durant une journée, les mouvements du bébé, elle peut l'inciter à bouger : il lui suffit pour cela de se coucher sur le côté (avec un coussin sous le ventre) et de rester immobile.

Elle peut ensuite mettre ses pieds en hauteur et se relaxer, puis prendre une boisson sucrée qui donnera un coup de fouet à bébé !

Si elle ne sent toujours pas de mouvement, vous devez vous rendre à la maternité.

Et à bannir ?

Ne tentez pas de le faire bouger dès que vous en prend l'envie : vous devez être à l'écoute de son rythme, et non lui imposer le vôtre.

Pour en savoir plus
Sommeil en dents de scie

➔ Avant 20 semaines de gestation, des études ont révélé chez le fœtus un état de dormance. On ne peut encore qualifier cet état de « sommeil », car il ne possède ni tous les critères du sommeil agité, ni tous ceux du sommeil calme.

➔ Après 20 semaines, on observe une alternance de périodes d'activité et de repos. Un cycle dure environ 40 à 50 minutes et se rapproche de celui du nouveau-né.

➔ À partir de 27 semaines apparaît le sommeil agité. Proche du sommeil paradoxal, il servirait à la mise en place et au développement des circuits nerveux.

➔ Enfin, dès 29 semaines, le sommeil calme (ou lent) est également en place.

54 FILLE OU GARÇON, PROMIS, JE NE FAIS PAS DE PLANS SUR LA COMÈTE !

L'un naît dans les choux, l'autre dans les roses, mais c'est la cigogne qui les apporte tous les deux. Fille ou garçon, font-ils de nous des parents différents ?

Que se passe-t-il ?

Tout est une question de génétique et de... hasard.
Le sexe est déterminé par deux chromosomes apportés par les parents. Les filles ont une paire XX et les garçons XY. Les femmes ne pouvant donner au futur bébé qu'un chromosome X, c'est le chromosome du père qui détermine le sexe du bébé. Si le spermatozoïde sélectionné porte le chromosome Y, le bébé sera un garçon. Et inversement, s'il s'agit d'un spermatozoïde X.
Fille ou garçon, les couples qui ignorent jusqu'à la naissance sont de plus en plus rares. La deuxième échographie permet aujourd'hui de mettre fin à la surprise qui accompagnait l'arrivée d'un nouveau-né. Seulement voilà, futures mamans ou papas s'avouent parfois déçus ! Une déception souvent liée à l'histoire familiale. Un homme issu d'une famille où la femme est peu présente pourra ainsi appréhender la venue d'une fille. Il s'agira d'une rupture dans l'histoire familiale.

Quelle attitude adopter ?

Si c'est votre cas, faites votre introspection et posez-vous les bonnes questions. Pourquoi voulez-vous absolument un garçon en premier ? Qu'est-ce qui vous fait penser que seules les filles sont tendres ?

Vous pourrez ainsi relativiser naturellement et réaliser que le plus important est la bonne santé de votre enfant. Vous pouvez également imaginer votre futur bébé et les activités que vous partagerez ensemble. Gardez aussi à l'esprit que c'est l'éducation qui forge un enfant, pas seulement son sexe.

Et à bannir ?

Ne culpabilisez pas si vous êtes déçu : vous n'êtes pas le premier à qui cela arrive ! D'autre part, ne gardez pas pour vous ce sentiment sous prétexte que vous ne voulez pas blesser la future maman. En parler avec elle devrait vous permettre de mieux comprendre les raisons de cette déception. Et donc de la dépasser plus facilement.

Pour en savoir plus
Peut-on déterminer le sexe du bébé grâce à la position de la lune lors de sa conception ?

➔ Selon certaines croyances, un vieux calendrier chinois permettrait de prédire si vous allez avoir un garçon ou une fille. Créé il y a plus de 700 ans, il aurait été trouvé dans une tombe royale par un scientifique chinois à Pékin. Il aligne l'âge de la future maman, de 18 à 45 ans, et les douze mois de l'année. Ainsi, si, par exemple, au moment de la conception vous avez 25 ans et avez conçu le bébé en février, le calendrier vous annonce que ce sera un petit homme.
Une autre technique consiste à regarder si le jour de votre ovulation est en lune descendante jusqu'à la lune vieille. La lune blanche, c'est un garçon. Si, en revanche, la date est en lune montante jusqu'à la lune nouvelle, donc noire, vous serez l'heureuse maman d'une petite fille.

Attention, il ne s'agit que de croyances qui n'ont donc aucune valeur scientifique !

55 NOUS RÉFLÉCHISSONS AUX SOLUTIONS DE GARDE

Même si l'arrivée de votre bébé vous semble encore lointaine, il n'est jamais trop tôt pour se consacrer à la recherche d'un mode de garde, surtout si votre compagne travaille.

Que se passe-t-il ?

Première solution : la crèche.
Sachez qu'il existe plusieurs types de crèches. Les crèches collectives publiques ainsi que les crèches municipales sont gérées par le service départemental de la PMI (Protection maternelle et infantile). La première inscription est provisoire. Votre enfant sera d'abord placé sur une liste d'attente. Si une place se libère, l'inscription définitive aura lieu après la naissance sur avis favorable du médecin de la crèche. Vous devrez présenter le carnet de santé de votre enfant et un justificatif de domicile. Sont aussi demandés vos bulletins de salaire, ainsi que ceux de votre conjointe, car le tarif est calculé en fonction des revenus.
Autre solution : la crèche familiale. Il s'agit d'un réseau d'assistantes maternelles agréées, dépendant de la PMI et géré par une directrice. Les enfants sont gardés au domicile de l'assistante maternelle et suivis par le médecin de la PMI. L'assistante maternelle ne peut s'occuper de plus de trois enfants de moins de 3 ans, ses enfants compris. Si cette solution vous intéresse, prévoyez les préinscriptions au plus

tôt. L'inscription définitive aura lieu après la naissance de votre enfant selon les places disponibles. Le tarif est là encore calculé en fonction de vos revenus.

Les crèches parentales sont, quant à elles, gérées par les parents. Le personnel se compose d'une éducatrice de jeunes enfants, de puéricultrices et de parents. Le tarif est calculé en fonction du nombre de personnes et du temps consacré à la crèche.

Enfin, la nourrice à domicile est une solution un peu onéreuse puisqu'il faut prévoir une rémunération à plein-temps, soit généralement un SMIC.

Quelle attitude adopter ?

En ce qui concerne les crèches, renseignez-vous auprès du service social de votre mairie. Elle vous fournira la liste des établissements proches de chez vous. Visitez les lieux et renseignez-vous sur les horaires.

Pour avoir la liste des assistantes maternelles, contactez le service Petite Enfance de votre mairie, le service de PMI ou le Relais assistantes maternelles de votre ville.

Pour trouver une nourrice, adressez-vous aux associations. Partagez-la éventuellement avec d'autres parents pour limiter les frais et alterner le lieu de garde. Veillez aussi à vous acquitter de toutes vos obligations administratives.

Et à bannir ?

N'attendez pas la naissance de votre enfant pour vous en préoccuper : commencez à prévoir l'organisation de sa garde dès le début de la grossesse.

Pour en savoir plus
Où trouver une jeune fille au pair ?

➔ De nombreuses jeunes femmes viennent chaque année dans notre pays apprendre le français tout en s'occupant d'enfants. Un mode de garde souple, que peu de parents connaissent.

➔ Pour trouver une jeune fille au pair, vous pouvez consulter les panneaux de demandes d'emploi des universités ou faire appel à des agences spécialisées.

➔ La jeune fille au pair doit effectuer trente heures de travail par semaine, avec une journée de repos obligatoire, dont au moins un dimanche par mois. Si ce mode de garde ne prévoit pas de rémunération, vous devez offrir le gîte et le couvert à la jeune fille. Vous devrez aussi rembourser ses frais de transport et lui donner de l'argent de poche. Enfin, vous devez la déclarer à la direction départementale du Travail, de l'emploi et de la formation professionnelle, cotiser à l'URSSAF et à la Sécurité sociale, sans oublier de souscrire à son nom une assurance responsabilité civile.

Pour en savoir plus
Les crèches d'entreprises

➔ Heureux sont les parents qui peuvent avoir recours à une crèche d'entreprise.

➔ Si c'est vore cas ou celui de votre compagne, vous pouvez faire la demande auprès du service compétent de votre entreprise. La participation est généralement calculée en fonction de votre quotient familial, et déduite de votre salaire.

56 LES COURS DE PRÉPARATION À L'ACCOUCHEMENT, QUÈSACO ?

Les cours de préparation à l'accouchement : tout le monde vous en parle, mais vous ignorez complètement de quoi il s'agit.

Que se passe-t-il ?

Les séances de préparation à l'accouchement classique débutent en général vers le 7e mois de grossesse.
D'autres préparations, comme l'haptonomie, le yoga ou le chant prénatal, débutent plus tôt, vers le 4e mois.
Le nombre de séances de préparation classique varie entre six et huit, en fonction de la maternité que vous aurez choisie.
Sachez que huit séances sont remboursées par la Sécurité sociale.
Elles peuvent se dérouler individuellement ou en groupe, et la présence des papas est plus qu'acceptée !
Les cours sont donnés par une sage-femme sous forme théorique et pratique. Ils apportent les connaissances nécessaires sur l'anatomie, la physiologie et le déroulement de l'accouchement.
Différents thèmes autour de l'accouchement et l'arrivée du bébé sont abordés par la sage-femme : apprendre à reconnaître les contractions, à dominer la douleur avec des exercices de relaxation et de contrôle de la respiration, l'allaitement, les différentes positions pour accoucher, l'alimentation pendant et après la grossesse, etc.
Si vous suivez ces cours dans votre maternité, une visite des locaux (salle de travail, salle d'accouchement, chambre) pourra vous être proposée.

Quelle attitude adopter ?

Notez toutes les questions qui vous passent par la tête et posez-les, le moment venu, à la sage-femme.
Choisissez les cours qui ont lieu dans votre maternité, car ils vous permettront de vous familiariser avec le personnel et les lieux.

Et à bannir ?

Ne zappez pas ces cours sous prétexte qu'ils ne sont pas obligatoires et que vous pouvez trouver toutes les informations utiles sur Internet ! Ces séances sont particulièrement conseillées aux femmes qui accouchent pour la première fois, car elles permettent à la future maman de mieux gérer son accouchement.
Elles sont également l'occasion de rencontrer d'autres parents et de partager doutes et angoisses.

Florian, 26 ans : « Je dois avouer que je n'étais pas convaincu par les séances de préparation à l'accouchement, mais je le suis désormais ! Description des contractions pour reconnaître le faux travail du vrai, conseils concernant l'allaitement et le retour à la maison, informations sur la péridurale, l'épisiotomie, les forceps… la sage-femme nous a tout expliqué ! En plus, elle a appris à ma compagne à reconnaître quelle partie du corps elle touchait. Je n'ai pas assisté à toutes les séances, mais je dois admettre que la séance sur l'accouchement et celle sur le retour à la maison m'ont été d'un grand secours ! »

57 JE SUIS UN PIÈTRE BRICOLEUR : AU SECOURS ! J'AI BESOIN D'AIDE POUR TROUVER DES IDÉES DE DÉCO !

Très tendance, la déco maison séduit désormais les hommes comme les femmes. Mais pas vous, pour qui décoration rime avec absence totale de motivation !

Que se passe-t-il ?

Bébé ne devrait plus tarder à montrer le bout de son nez et tous vos proches s'obstinent à vous imaginer prêt à transformer votre ancien bureau en magnifique chambre d'enfant !
Or, votre seul fait d'armes en matière de bricolage consiste à planter des clous de travers pour accrocher des cadres. Vous avez autant de goût pour décorer la maison qu'un boxeur aveugle !
Pas de panique, vous pouvez décorer sans bricoler, et surtout tout imaginer !

Quelle attitude adopter ?

Avant de décorer la chambre de bébé, posez-vous les bonnes questions. D'abord, choisissez son univers en piochant des idées dans les catalogues sur Internet ou dans les boutiques de déco.
Pensez aux rideaux ou aux voilages qui donnent du style à la pièce. Privilégiez les matières naturelles. Sur les murs, succombez aux frises en stickers, que vous pouvez changer régulièrement pour apporter une nouvelle touche décorative.

Aux murs, toujours, optez pour des couleurs douces. Si vous voulez sortir des traditionnels blanc, rose ou bleu, essayez des teintes comme le parme, le taupe, le vieux rose, l'orangé ou le gris souris. Optez pour une peinture acrylique, plus pratique dans sa version lessivable. Enfin, préférez les finitions satinées plutôt que mates.

Au sol, vous avez le choix entre la moquette, le parquet ou le PVC.

La moquette a l'avantage d'être douillette, mais reste un nid à poussière. Si vous optez pour cette solution, achetez une moquette traitée antiacariens et non allergène.

Le parquet est aussi une solution pour une chambre de bébé.

Le PVC quant à lui, également facile d'entretien, est largement utilisé.

Enfin, travaillez l'éclairage. Dans une chambre de bébé, il faut créer une ambiance à la fois tamisée et bien éclairée pour le changer ou l'habiller.

Et à bannir ?

Ne vous lancez pas dans de « vrais » travaux si vous n'avez quasiment jamais touché un marteau ! Vous risqueriez, d'une, de vous blesser, et de deux, de devoir tout faire refaire suite à vos travaux ratés ! De quoi sacrément alléger votre portefeuille.

Pour en savoir plus

La bonne idée

➔ N'achetez que les quantités de produits strictement nécessaires pour votre usage immédiat. Vous éviterez ainsi les risques liés à un stockage prolongé et à la toxicité des produits.

Avant toute utilisation, lisez attentivement le mode d'emploi et respectez-le rigoureusement. Observez en priorité le pictogramme. Lisez les recommandations sur le niveau de risque du produit, ainsi que les conseils de prudence.

➔ De façon générale, pensez à porter un équipement de protection adapté.

➔ Utilisez des outils appropriés et ventilez les locaux dans lesquels vous bricolez.

58 LA COUVADE, OU COMMENT VOIR MON PROPRE VENTRE PRENDRE SES AISES

Qui a dit que la grossesse était seulement une affaire de femmes ? Vous vous êtes arrondi en même temps que votre compagne et une petite brioche témoigne de votre implication dans sa grossesse ? Pas de panique, tout devrait rentrer dans l'ordre dès la naissance de bébé !

Que se passe-t-il ?

Eh non ! La future maman n'est pas la seule à souffrir des petits maux de la grossesse. Les hommes prennent aussi parfois du poids qu'ils ont du mal à perdre ensuite. Bref, ils souffrent de la fameuse « couvade »…

Ce mot vient d'un rite de passage du jeune homme au statut de père, pratiqué dans certaines peuplades. Au moment de la naissance, alors que la femme va accoucher, l'homme crie afin de simuler les douleurs de l'accouchement. Selon les sociologues, il éloigne ainsi les mauvais esprits de sa compagne. Le mot est devenu, par extension, synonyme des symptômes de grossesse que connaissent certains futurs papas.
Les spécialistes estiment que ces futurs pères exprimeraient ainsi un désir inconscient de materner, voire de porter le bébé. Et puis... certains sont seulement gourmands et en profitent pour se lâcher un peu côté nourriture !
La couvade peut aussi parfois exprimer une angoisse à l'idée d'être père.

Quelle attitude adopter ?

Rassurez-vous, vous ne devriez pas rester « enceint » très longtemps ! Les symptômes disparaissent en effet d'eux-mêmes, généralement après la naissance de bébé.
Pour sortir de la couvade, vous devez vous replacer dans votre rôle de père. Soyez attentifs aux besoins de la future maman, aidez-la au quotidien, mais ne l'imitez pas !
En attendant le moment magique où vous allez tous les deux rencontrer votre enfant, vous pouvez tout simplement faire partie de cette grande aventure. Comment ? En préparant à deux la chambre du bébé, par exemple.
Certaines méthodes, comme l'haptonomie, peuvent par ailleurs s'avérer utiles. Elles permettent aux pères de participer à la grossesse et de créer des liens privilégiés avec leur enfant.

Et à bannir ?

Ne laissez pas les kilos s'installer sans réagir en vous disant que vous les perdrez vous aussi très vite, puisque c'est ce que vous répétez à la future maman ! Mieux vaut faire preuve de modération dès maintenant plutôt que de devoir adopter un régime draconien après la naissance de bébé.
Vous voulez être un superpapa en forme, mais sans les formes, non ?

Pour en savoir plus
Le rôle des hormones

➔ Certaines études auraient démontré un lien entre la couvade et les changements hormonaux que connaissent les femmes. Elles dégageraient ainsi des signaux chimiques qui influeraient sur le comportement de leur compagnon. Une autre étude aurait montré que les hommes ont eux aussi des bouleversements hormonaux pendant la grossesse. Leur taux de prolactine (hormone de la lactation) augmenterait, pendant que leur taux de testostérone diminuerait !

59 IL EST PERMÉABLE AUX ÉMOTIONS DE SA MAMAN

Votre future compagne est de nature stressée ? Il va falloir l'aider à faire preuve de zénitude, car bébé risque lui aussi de devenir un angoissé chronique !

Que se passe-t-il ?

Selon une étude anglaise, il existe une corrélation entre le taux d'hormone de stress (le cortisol) présent dans le sang de la mère et celui détecté dans le liquide amniotique. Autrement dit : le fœtus réagit tôt aux angoisses de sa maman.
Entre fatigue, joie, inquiétude et nervosité, la femme enceinte a parfois du mal à rester zen. Loin de vouloir culpabiliser les futures mamans, les chercheurs insistent sur l'importance d'un soutien familial et d'une certaine souplesse des employeurs…

Quelle attitude adopter ?

Aidez tout d'abord votre compagne à identifier les facteurs de stress à l'origine de ses angoisses. Nommer un problème permet souvent de le désamorcer.
Ensuite, elle doit apprendre à analyser les conflits afin d'en extraire le positif, de relativiser, de se protéger et de tirer des leçons des échecs.
L'hygiène de vie et un comportement adapté contribuent également à atténuer le stress.
Ainsi, conseillez à votre compagne de cultiver une ambiance professionnelle harmonieuse, d'apprendre à dire non et à communiquer.
Une alimentation équilibrée joue également un rôle important.
Le stress favorisant l'apparition de radicaux libres, il faut consommer des antioxydants (huile d'olive, fruits et légumes frais, carotte, melon, tomate, thé vert, soja, oméga 3, ginkgo biloba, papaye fermentée, myrtille).
Une activité douce, comme le Pilates ou la relaxation, fait aussi ses preuves dans la lutte contre le stress.

Enfin, incitez la future maman à se faire plaisir. À l'heure du déjeuner, qu'elle prenne la poudre d'escampette, et le soir, qu'elle fasse un petit break avant de rentrer chez vous !

Et à bannir ?

Inutile de courir sans cesse après le temps. La future maman ne le rattrapera pas… sans compter que le repos fait partie de la vie. Mais ralentir son rythme de vie n'est pas si simple : nous avons tous peur de l'ennui et des journées sans horaires, synonymes de vide. Aidez néanmoins votre compagne à réapprendre à buller et à regarder les heures filer.

Pour en savoir plus

La bonne idée

➔ Pour relâcher la pression, votre compagne peut aussi prendre des cours de rire !

➔ Élimination des toxines, digestion boostée, tension nerveuse évacuée… Du rire médecin au rire d'enfant, les vertus de l'hilarité s'avèrent nombreuses. C'est un véritable jogging intérieur qui s'accompagne d'une production d'endorphines. Ces opiacés naturels du corps se répandent alors en abondance dans le cerveau.

➔ Alors, qu'elle n'hésite pas à rire dès qu'elle le peut. Quand vous allez au cinéma, privilégiez les comédies ou inscrivez-la à des séances de rire.

60 JE DRESSE MA LISTE DE PRÉNOMS, ET PAS QUESTION DE PLAISANTER...

Que vous mettiez à profit les neuf mois pour le choisir ou que votre décision soit prise depuis longtemps, le choix du prénom n'est pas chose aisée, crénom d'un prénom !

Que se passe-t-il ?

Le choix du prénom a fait l'objet de multiples études sociologiques. Il apparaît qu'il est un reflet de l'origine socioprofessionnelle des parents. Il peut aussi donner une indication géographique du lieu de naissance, voire, statistiques obligent, préciser un millésime !
L'article 57 du code civil précise : « Lorsque ces prénoms ou l'un d'eux, seul ou associé aux autres prénoms ou au nom, lui paraissent contraires à l'intérêt de l'enfant ou au droit des tiers à voir protéger leur nom de famille, l'officier de l'état civil en avise sans délai le procureur de la République. Celui-ci peut saisir le juge aux affaires familiales. »

Quelle attitude adopter ?

Pensez à la sonorité de votre nom de famille : il est plus facile de prononcer « Arthur Angeais » que « Jean Angeais ».
Si votre nom de famille compte plus de deux syllabes, il peut être judicieux d'opter pour un prénom court, et inversement. Les prénoms étrangers peuvent être très chantants, mais attention au mariage mélodique avec le nom de famille.
Les prénoms composés ou à plusieurs syllabes font souvent les frais des diminutifs.

Si vous tenez vraiment à donner un prénom très rare à votre enfant, pensez aux deuxième et troisième prénoms... Tout prénom inscrit dans l'acte de naissance peut être choisi comme prénom usuel.

Et à bannir ?

Méfiez-vous de la mode : fugace et infidèle, elle ne fait que passer. Le prénom, lui, reste à vie.
Attention aussi à l'originalité coûte que coûte. Certes, il n'est pas confortable de porter le même prénom que trois autres camarades de classe, mais être obligé de l'épeler sans arrêt a de quoi agacer.
Pensez également aux initiales et à l'avenir, car un prénom comme Lolita par exemple est plus facile à porter enfant que grand-mère !

Pour en savoir plus
Les cyclones et les prénoms

➔ Les cyclones tropicaux sont dénommés pour faciliter la communication entre les prévisionnistes et le public.

➔ Après avoir porté des noms de politiciens, puis des prénoms de femmes exclusivement, les cyclones portent maintenant le plus souvent des prénoms alternativement masculins et féminins. Ces derniers sont donnés à partir de listes alphabétiques préétablies et revenant périodiquement. On retire de ces listes les noms des ouragans particulièrement dévastateurs. On a alors tous une petite pensée pour les Katrina, Rita et Wilma qui sont associées, bien malgré elles, aux ouragans de l'année 2005...

Le saviez-vous ?

Au XVIIIe siècle, le choix revenait au parrain ou à la marraine du bébé, qui transmettait son propre prénom, celui d'usage venant généralement en seconde position.
Cette coutume ne constituait pas vraiment une entrave, car seuls les saints du calendrier étaient recevables. Le temps passant, la liste des prénoms autorisés s'est élargie. Mais la rigidité a perduré, donnant le droit aux officiers de l'état civil d'écarter tel ou tel prénom pour non-conformité.
La loi n° 93-22 du 8 janvier 1993 a considérablement assoupli les règles. L'officier de l'état civil est maintenant obligé de porter sur l'acte de naissance les prénoms choisis par les parents. Revers de la médaille : existants ou totalement inventés, les prénoms potentiels sont désormais si nombreux que le choix est encore plus ardu !

Partie 3

Troisième trimestre

61 ELLE A DES CONTRACTIONS : DOIS-JE M'INQUIÉTER ?

Elles font peur et vous laissent souvent démunis : quoi donc ? Les fameuses contractions, voyons ! En effet, elles sont souvent, à tort, uniquement associées à l'accouchement.

Que se passe-t-il ?

Les douleurs liées aux contractions peuvent être comparées aux douleurs ressenties pendant les règles.

Parfois, dès le 4e mois de grossesse, le ventre de la future maman se durcit tout simplement parce que l'utérus se contracte et se détend sous le poids du bébé.

Des contractions utérines de faible intensité et de courte durée sont normales au cours du dernier trimestre de la grossesse. Leur fréquence peut être très variable d'une femme à l'autre et est irrégulière.

Ces contractions portent le nom de « contractions de Braxton Hicks ». Elles préparent l'utérus à l'accouchement, sans entraîner de dilatation du col de l'utérus. Elles lui permettront d'expulser le bébé le moment venu.

Quelle attitude adopter ?

Aidez votre compagne à rester détendue.
Les contractions normales ne doivent pas vous alarmer. Elles sont nécessaires et font partie du processus de la grossesse.
Lors d'une contraction, notamment en fin de grossesse, si possible, conseillez à votre compagne de s'allonger. Elle doit rester calme et respirer profondément. La sensation de tension de son ventre devrait alors vite disparaître.
Essayez par ailleurs, au cours du dernier mois principalement, de la ménager. Elle a sans doute constaté qu'après une journée active, les contractions seront plus nombreuses le soir venu.
Si ses contractions sont anormalement douloureuses et si leur intensité et leur fréquence s'accroissent, consultez votre médecin sans tarder ou conduisez-la à la maternité.

Et à bannir ?

Ne soyez pas inquiet pour votre bébé : il ne ressent aucune douleur lors des contractions de préparation à l'accouchement (Braxton Hicks).

Pour en savoir plus

Comment faire la différence entre les contractions de Braxton Hicks et les vraies contractions du travail d'accouchement ?

➔ Les contractions du travail sont plus longues, plus régulières, plus douloureuses et plus fréquentes que celles de Braxton Hicks. Elles seront de plus en plus rapprochées, intenses et longues au fur et à mesure du travail, alors que les contractions de Braxton Hicks restent imprévisibles. Elles ne respectent aucun rythme particulier.

62 ELLE S'AGITE LA NUIT, CAR ELLE RÊVE BEAUCOUP

Vous avez encore eu le droit à des coups de pied de votre douce amie qui se transforme la nuit venue en pile électrique, victime de cauchemars ! La nuit précédente, elle vous a fait une peur bleue en hurlant comme un loup-garou avant d'éclater de rire : c'est normal ?

Que se passe-t-il ?

Rêves bizarres, cauchemars, les nuits ne sont pas de tout repos pendant la grossesse !
Pour une fois, les hormones ne semblent pas en cause, car les futurs papas font eux aussi des rêves étranges.
Pour les femmes, ce sont plus ou moins les mêmes thèmes qui reviennent : les futures mamans redoutent un accouchement difficile, des complications, voire leur propre mort.
L'anxiété qui provoque ces rêves est liée à la peur de l'inconnu, mais aussi aux suites et conséquences de la naissance. Les futures mamans ont parfois peur de ne pas savoir s'occuper correctement de leur bébé ou que sa venue ne bouleverse l'équilibre de leur couple.

Quelle attitude adopter ?

Rassurez votre compagne : il est tout à fait normal de faire des rêves perturbants pendant la grossesse, et tout devrait rentrer dans l'ordre après l'accouchement.

Veillez aussi à la qualité de son sommeil en lui préparant un bon lait tiède ou une tisane avant l'étape dodo. Des massages sur fond de musique apaisante sont aussi tout indiqués.
Des techniques de relaxation comme la sophrologie ou le yoga peuvent également aider votre compagne à gérer ses angoisses de nuit... comme de jour !

Et à bannir ?

Ne prenez pas la situation à la légère si les cauchemars deviennent récurrents ou si votre compagne est épuisée le matin : consultez un spécialiste.

Le saviez-vous ?

Le dernier trimestre de la grossesse est le moment le plus prolifique en matière de rêves et de cauchemars ! Rêver que l'on étrangle des enfants juste avant son accouchement n'est, certes, pas rassurant, mais c'est un rêve assez courant. Dans les derniers mois, c'est la séparation mère/enfant qui est au cœur des préoccupations inconscientes. Rêver de situations sanglantes ou de perdre une partie de soi est aussi plutôt normal. Quant aux rêves, ils expriment la plupart du temps la difficulté de passer du stade d'enfant au stade de mère.

63 UN SIÈGE-AUTO DANS MON AUDI 4 PORTES : VAIS-JE ASSUMER ?

Dingue des voitures, vous bichonnez la vôtre, et votre compagne vous le reproche suffisamment. Sans l'avouer, vous aimez d'ailleurs frimer quand elle brille de mille feux. Alors, l'imaginer dotée d'un siège bébé, non, vous n'arrivez pas à vous y faire !

Que se passe-t-il ?

En voiture, s'attacher est primordial, et cela l'est encore plus pour votre futur bébé. Le risque pour un enfant d'être éjecté en cas de collision, s'il n'est pas retenu par un système adapté, est, en effet, multiplié par six. Et même s'il n'est pas éjecté, il risque d'être projeté contre le pare-brise.
D'où l'importance de choisir un siège-auto adapté dès maintenant. Ce dernier permet de répartir le poids de l'enfant, ce qui réduit efficacement les points de pression.

Quelle attitude adopter ?

Vous devez tout d'abord choisir un siège-auto homologué comme l'indique la lettre E, seul gage de sa conformité aux normes en vigueur. Si vous devez régulièrement faire passer le siège d'une voiture à une autre, choisissez un dispositif qui se fixe aussi facilement que sûrement.
Sachez aussi qu'il existe des dispositifs adaptés à l'âge et au poids de votre enfant :

- les groupes 0 (jusqu'à 10 kg ou 9 mois) ;
- les groupes 0 + (jusqu'à 13 kg ou 15 à 16 mois).

Pour les tout-petits, il existe deux systèmes possibles :

- Le siège « dos à la route » est la meilleure protection, en cas de collision frontale, pour le cou et les cervicales particulièrement fragiles des nouveau-nés. Ce siège peut se fixer de préférence à l'arrière, ou à l'avant côté passager (à la condition exclusive de désactiver l'airbag).
- Le lit nacelle est fixé transversalement sur la banquette arrière grâce aux ceintures trois points ou à l'aide de sangles spéciales. La nacelle permet donc au bébé jusqu'à 6 mois de rester allongé, mais le bandeau de maintien doit être bien installé.

Et à bannir ?

N'achetez pas un siège d'occasion, mais neuf. Même si la durée de vie d'un siège est brève, il y va de la sécurité de votre bébé. D'autant plus que la législation évolue vite et que le siège acheté d'occasion peut rapidement ne plus être aux normes.
Attention aussi aux gestes involontaires des autres enfants assis à côté de bébé dans la voiture. Ils peuvent détacher sa ceinture de sécurité au lieu de la leur, sans la remettre après…

Pour en savoir plus
Le dispositif Isofix

➔ Son principe est intéressant : la fixation du siège ne se fait plus avec la ceinture de sécurité, mais directement sur le véhicule grâce à un système de clips reliés à la caisse de la voiture. Ce système a pour effet de renforcer la solidarité entre le siège et la voiture, et permet de réduire au maximum le déplacement de la tête de l'enfant en cas de choc.

➔ Il est disponible sur tous les nouveaux modèles de voitures depuis 2006, et il le sera dès 2011 sur l'ensemble des véhicules neufs.

64 UNE SAGE-FEMME, C'EST OBLIGATOIRE ?

Novice en la matière avant l'annonce de la grossesse de votre compagne, vous avez désormais tout compris concernant le rôle du gynécologue obstétricien : mais alors, quel est le rôle de la sage-femme ?

Que se passe-t-il ?

Les sages-femmes ont suivi une formation médicale de quatre ans après avoir validé une première année en médecine. Ce sont des spécialistes de la grossesse et de la naissance.

Vous pouvez faire appel à elles plutôt qu'à un gynécologue pour suivre le bon développement du futur bébé. Elles peuvent réaliser les échographies, les examens cliniques, les différents dépistages de pathologies, et prescrire des actes médicaux ainsi que certains médicaments.

En cas de grossesse pathologique, elles peuvent assurer le suivi sur prescription d'un médecin. À la maternité ou dans leur cabinet, ce sont elles qui animent les cours de préparation à l'accouchement remboursés par la Sécurité sociale. Certaines proposent aussi d'autres spécialités : haptonomie, yoga, acupuncture, sophrologie, préparation en piscine…

Le jour J, la sage-femme est seule avec les parents pour faire arriver bébé, sauf pour l'expulsion, qui nécessite la présence d'une infirmière, et pour la péridurale, réalisée par un anesthésiste. L'obstétricien ou le chirurgien sont appelés en cas de complication. Après l'accouchement, elle prodigue les premiers soins au nouveau-né.

Quelle attitude adopter ?

Vous vous demandez qui doit suivre la grossesse de votre compagne entre le gynécologue et la sage-femme ? Sachez que vous n'avez pas toujours la possibilité de décider. Le choix du professionnel qui la suivra dépend du type d'établissement où elle souhaite accoucher et des risques que présente sa grossesse.

En ce qui concerne le secteur public, c'est une sage-femme qui suivra la future maman et qui l'accouchera, à condition que sa grossesse ne présente aucun risque.

Si elle présente des risques de complications, c'est le gynécologue qui effectuera le suivi et qui l'accouchera.

Si vous avez la possibilité de choisir, alors votre décision doit avant tout dépendre de vos attentes. Si vous avez besoin d'explications et de conseils pour bien vivre la grossesse, alors la sage-femme sera d'une aide précieuse.

Pendant les entretiens que vous aurez avec elle, n'hésitez pas à lui poser toutes les questions que vous souhaitez. Elle est à même d'y répondre simplement et de donner des conseils pour soulager les maux de la grossesse et préparer la future maman à l'accouchement.

Pour choisir cette professionnelle, renseignez-vous auprès de la structure dans laquelle votre compagne va accoucher. Décidez-vous en fonction des spécialités de chacune.

Et à bannir ?

Ne choisissez pas cette professionnelle au hasard : renseignez-vous auprès des jeunes parents et consultez les avis sur Internet.

Romuald, 41 ans : « Nous avons longuement hésité, et finalement, nous avons décidé de faire appel à une sage-femme plutôt qu'à un gynécologue pour suivre la grossesse de ma compagne. Tout simplement car nous voulions que cette dernière soit la moins médicalisée possible.
Nous avons été ravis du contact avec la sage-femme que nous avons choisie. Elle nous a tout expliqué avec simplicité et prenait le temps de répondre à toutes les questions, même les miennes qui étaient pourtant nombreuses !
Cerise sur le gâteau, elle est spécialisée en médecine traditionnelle chinoise, ce qui nous a permis de découvrir cette forme de médecine ancestrale. »

65 IL EST PARFAIT, MON NOM ! POURQUOI COLLER LE SIEN AU MIEN ?

Vous vous appelez « Dupoteau » et votre compagne « Martin », et il faut reconnaître que son nom de famille est nettement plus facile à porter ! Heureusement, le choix du nom de famille s'est assoupli depuis trois ans.

Que se passe-t-il ?

Depuis le 1er janvier 2005, les règles d'attribution du nom de famille permettent en effet aux parents de choisir quel(s) nom(s) porteront leurs enfants : le nom du père, celui de la mère, ou leurs deux noms accolés dans un ordre choisi par eux. Attention, s'ils portent un double nom, il n'est possible d'accoler qu'un seul nom de famille pour chacun d'eux.

Quelle attitude adopter ?

Vous hésitez ? Pour vous décider, vous pouvez renoncer à un nom difficile à porter ou choisir les sonorités les mieux adaptées au prénom de bébé.
Si vous vous êtes décidés pour le nom de la maman seul, pensez que vous allez sûrement au-devant de complications avec votre famille.
Enfin, si vous optez pour le double nom, gardez en tête que cela rendra la tâche de votre enfant singulièrement difficile quand il s'agira de l'épeler…
Le choix du nom de famille s'effectue par le biais d'une déclaration conjointe de choix de nom.
La déclaration conjointe doit être effectuée par écrit et remise à l'officier de l'état civil du lieu de naissance. Cette déclaration est réalisée par le père, la mère ou une personne habilitée à déclarer la naissance, comme un membre du personnel de la maternité, par exemple.
Le choix est irrévocable. Il s'impose aussi aux enfants du couple qui suivront.

Et à bannir ?

Ne faites pas votre choix sur un coup de tête, car votre enfant devra assumer son nom toute sa vie. Ne suivez pas forcément les conseils de votre entourage et de votre famille en particulier. Elle risque forcément de faire preuve de subjectivité, car c'est la survie de la lignée qui est en jeu !

> **Le saviez-vous ?**
>
> Comme l'immense majorité des noms de famille, les noms/prénoms comme Martin ou François sont apparus vers le XIe, XIIe siècle. Jusqu'à cette époque, nos ancêtres ne portaient que leur nom de baptême. En raison d'un grand boom démographique, les Pierre, Jacques ou Jean devinrent vite trop nombreux au sein de chaque village. Spontanément, des surnoms apparurent : ce sont eux qui sont à l'origine de nos noms de famille.

66 NON, L'OSTÉOPATHIE N'EST PAS UNE SECTE !

Reconnaissez que vous ne savez pas vraiment ce qu'est l'ostéopathie… Pourtant, cette discipline est d'un grand secours pendant la grossesse.

Que se passe-t-il ?

Lors de sa grossesse, votre compagne subit des modifications physiologiques et physiques.

Ces transformations peuvent entraîner des troubles fonctionnels ou renforcer des troubles déjà présents avant la grossesse. L'ostéopathe peut soulager ces troubles.
Les séances débutent toujours par un entretien qui permet au spécialiste de cerner l'environnement dans lequel vit la future maman. Ensuite, il effectue des manipulations très douces afin d'améliorer la mobilité des structures. Les organes, articulations, nerfs ou veines, ayant retrouvé leur liberté de mouvement, sont moins susceptibles d'entraîner des douleurs.
Le travail sur le bassin permet aussi de préparer le corps à l'accouchement.

Quelle attitude adopter ?

Depuis 2007, l'ostéopathie est officiellement reconnue par les pouvoirs publics. Certains ostéopathes étant spécialisés dans la grossesse, demandez conseil au médecin qui vous suit afin de connaître le nom d'un ostéopathe compétent.

Et à bannir ?

Ne vous inquiétez pas : l'intervention de l'ostéopathe ne met pas en danger votre enfant. Adaptées et spécifiques à la femme enceinte et au fœtus, ses manipulations ne sont ni dangereuses ni nocives pour le futur bébé.

Pour en savoir plus
Quand consulter un ostéopathe ?

➔ Les futures mamans consultent en général à partir du 4e mois de grossesse, et ce, lorsque l'utérus devient plus volumineux et que les ligaments commencent à tirailler. Une consultation lors du 8e mois peut aussi permettre d'aider le bébé à se mettre dans l'axe et préparer la maman à un accouchement serein. Sachez qu'une seule séance peut parfois suffire à la soulager.

Pour en savoir plus
La bonne idée

→ Vous trouverez la liste des spécialistes dans l'annuaire des ostéopathes sur www.osteopathe.com, mais aussi dans le Registre des ostéopathes de France (www.osteopathie.org). Sachez enfin que certaines mutuelles prennent en charge une partie de la consultation.

67 DES AIDES DE L'ÉTAT, OUI, MAIS LESQUELLES ?

Conscient des sacrifices financiers qu'implique l'arrivée d'un enfant, vous angoissez déjà à l'idée de ne pouvoir joindre les deux bouts. Pas de panique, vous avez peut-être droit à la prestation d'accueil du jeune enfant (PAJE) de la Caisse d'allocations familiales.

Que se passe-t-il ?

La prestation d'accueil du jeune enfant comprend : une prime à la naissance ou à l'adoption, une allocation de base, un complément de libre choix du mode de garde et un complément de libre choix d'activité.

Pour bénéficier de la prime à la naissance, les ressources de votre famille ne doivent pas dépasser une certaine limite, qui varie en fonction de votre situation. Versée au cours du 7e mois de grossesse, cette prime est actuellement de 889,72 euros.

Vous pouvez aussi avoir droit à l'allocation de base ; là encore, les ressources de votre famille ne doivent pas dépasser une certaine limite en fonction de votre situation. D'autre part, pour pouvoir y prétendre, votre futur enfant devra passer trois examens médicaux obligatoires au cours des huit premiers jours de son 9e ou 10e mois et de son 24e ou 25e mois. Le montant mensuel de l'allocation de base est de 177,95 euros par famille.

Si vous prévoyez de faire garder votre enfant, vous pouvez aussi prétendre au complément de libre choix du mode de garde. Ce complément dépend du choix de la personne qui va s'occuper de l'enfant. Le montant de ce complément varie en fonction de votre situation et de l'âge de vos enfants. Il consiste en une prise en charge partielle de la rémunération de l'assistante maternelle ou de la personne employée à domicile.

Enfin, si vous ou votre compagne avez décidé de vous occuper vous-mêmes de votre enfant, vous avez peut-être droit au complément de libre choix d'activité. Le montant de ce complément dépend de votre situation et de votre droit à l'allocation de base de la PAJE.

Quelle attitude adopter ?

Pour bénéficier de la PAJE, il vous suffit de télécharger les différents formulaires sur le site Internet de la Caisse d'allocations familiales. Puis, imprimez-les, remplissez-les et renvoyez-les accompagnés des justificatifs nécessaires.

Et à bannir ?

N'attendez pas le dernier moment pour le faire, car vous n'êtes pas les seuls à effectuer votre demande !

Pour en savoir plus

Cumul de l'allocation de base

➔ L'allocataire peut cumuler plusieurs allocations de base de la PAJE en cas de naissances multiples. L'allocation de base est cumulable avec :

- l'allocation journalière de présence parentale ;
- l'allocation de soutien familial pour les enfants adoptés ou recueillis en vue d'adoption.

En revanche, l'allocation n'est pas cumulable avec le complément familial.

68 COMMENT VAIS-JE FAIRE POUR TRAVAILLER SI JE NE DORS PLUS LA NUIT APRÈS L'ARRIVÉE DE BÉBÉ ?

S'il y a bien quelque chose qui vous angoisse, ce sont vos futures nuits courtes après la naissance de bébé. Vous avez en effet besoin de vos huit heures de sommeil pour repartir au boulot frais et dispos. Alors comment gérer les pleurs de bébé dès la nuit tombée ?

Que se passe-t-il ?

Un nouveau-né dort en moyenne seize heures par jour. Ce temps de sommeil lui permet d'achever la maturation de son système nerveux, et de grandir.
Le sommeil du bébé comprend une phase de sommeil agitée et une phase calme. Ces deux phases sont proches du sommeil paradoxal et du sommeil lent de l'adulte. Elles constituent, avec une forme de sommeil transitionnel, un cycle d'environ cinquante à soixante minutes.
Un nouveau-né se réveille environ toutes les quatre heures et tient peu compte de l'alternance jour/nuit. Progressivement, jusqu'à 6 mois, son rythme de sommeil va évoluer pour se rapprocher de celui de l'adulte.

Quelle attitude adopter ?

Pour aider bébé à trouver son cycle de sommeil, il faut savoir observer ses besoins. Ainsi, il n'est pas nécessaire de le nourrir dès qu'il se réveille, car cela crée un conditionnement qui l'empêche de régulariser son sommeil.
Apprenez aussi à reconnaître le moment où il faut le coucher : quand il est fatigué, quand il pleure, quand il bâille ou se frotte les yeux, etc.
Créez un environnement calme et rassurant dans sa chambre. Laissez-lui le temps de s'endormir, sans être trop pressé, car un bébé ne dort pas sur commande. Il a besoin de quelques instants pour se détendre et plonger dans le sommeil.
Vous pouvez aussi instituer des rituels (berceuse, mobile au-dessus de son berceau…) qui lui permettront de bien s'endormir.

Et à bannir ?

Ne laissez pas votre bébé dormir complètement dans le noir durant la journée. Il a en effet des difficultés à faire la différence entre le jour et la nuit jusqu'à l'âge de 4 mois environ.
Évitez aussi les moments d'excitation avant le coucher et ne vérifiez pas tous les quarts d'heure s'il dort en ouvrant la porte ! Vous risqueriez de le réveiller alors qu'il s'est enfin endormi.
Ne vous précipitez pas non plus dans sa chambre dès qu'il pleure. Un bébé pleure souvent quelques instants au cours de son sommeil et se rendort rapidement.
Enfin, évitez les réveils brutaux.

Pour en savoir plus
Comment coucher le bébé ?

➔ Il est impératif de le coucher sur le dos, car la position sur le ventre augmente le risque de mort subite du nourrisson. La position sur le dos permet au bébé de respirer sans être gêné.

➔ Laissez le visage du bébé bien dégagé. N'installez pas de draps, de couvertures, de couettes ou d'oreillers en raison des risques d'étouffement.

➔ La température de la chambre ne doit pas dépasser 18 à 20 °C.

69 LE DIABÈTE GESTATIONNEL, C'EST QUOI ?

Depuis que vous avez appris qu'il existait, il a été rajouté à la liste de vos angoisses ! Six à sept pour cent des femmes enceintes sont concernées. Il nécessite un suivi tout au long de la grossesse.

Que se passe-t-il ?

Diagnostiqué généralement entre 24 et 28 semaines d'aménorrhée, le diabète gestationnel correspond à un état d'intolérance au glucose. Dans certains cas, il s'agit d'un trouble directement lié à la grossesse. Dans d'autres, il s'agit d'un diabète prégestationnel non diagnostiqué avant le début de la grossesse. Cela signifie que le diabète était préexistant, mais n'avait pas été identifié.
Un seul examen ne suffit pas à diagnostiquer un diabète gestationnel. Le résultat de la première prise de sang donne lieu à un nouveau dosage, suivi d'un dépistage.
Un diabète gestationnel non traité peut entraîner une hypertension et une sensibilité accrue aux infections pour la maman. Autre conséquence : un accouchement prématuré, qui peut être accompagné pour le bébé d'un éventuel syndrome de détresse respiratoire, d'un poids excessif, voire d'une hypoglycémie dans les jours qui suivent la naissance.

Quelle attitude adopter ?

Une prise en charge rapide permet d'écarter les risques liés au diabète gestationnel. Le traitement de base repose sur un régime hypocalorique et une suppression des sucres, et est encadré par une

diététicienne. Allié à une activité physique et à la mesure régulière de la glycémie, ce régime alimentaire permettra à la future maman de maintenir un objectif glycémique déterminé.
La surveillance de la glycémie consiste en un système d'auto-mesure pratiqué à l'aide d'un lecteur capillaire. On pique légèrement le doigt pour analyser le sang. Si le médecin le juge nécessaire, il peut, en fonction des bilans biologiques, prescrire des injections d'insuline.

Et à bannir ?

Ne soyez pas inquiet outre mesure : pour 90 % des cas, le diabète gestationnel disparaît dans les quelques semaines qui suivent l'accouchement.

Pour en savoir plus
Pourquoi elle ?

➔ Certaines femmes sont plus susceptibles que d'autres d'être sujettes au diabète gestationnel. C'est peut-être le cas de votre compagne, si des membres de sa famille sont diabétiques, si elle est en surpoids ou qu'elle a plus de 35 ans.

➔ Toutefois, dans la moitié des cas, aucun de ces facteurs de risque n'est mis en cause. Rien ne peut donc laisser supposer l'existence d'un diabète gestationnel, d'autant que c'est la plupart du temps un trouble silencieux. Le dépistage reste donc la seule méthode pour le détecter.

Pour en savoir plus
Le diabète, une maladie insidieuse

➔ Le diabète correspond à une augmentation permanente de la glycémie, autrement dit de la quantité de sucre dans le sang. On le dépiste par une simple prise de sang. Ainsi, alors qu'en temps normal une glycémie à jeun est comprise entre 0,80 et 1,26 g/l, le dépistage fait apparaître des valeurs supérieures.

70 MAL DE DOS, MAL DU SIÈCLE ? EN TOUT CAS, UNE MALÉDICTION !

Elle en a plein le dos ? Normal ! La moitié des femmes enceintes sont concernées par des problèmes de dos. Discrètes au premier trimestre, les douleurs s'intensifient au fur et à mesure que la grossesse avance.

Que se passe-t-il ?

Bébé reposant sur le ventre, c'est le dos des futures mamans qui en supporte tout le poids. Naturellement, il se cambre davantage. Plus le ventre s'arrondit, plus le centre de gravité se déplace vers l'avant, plus la tension dorsale augmente.

Parallèlement, certaines hormones de la grossesse favorisent un relâchement des tissus. Cette hyperlaxicité provoque des tensions articulaires et des douleurs lombaires. Enfin, à l'approche du terme, une autre hormone, la relaxine, détend progressivement les ligaments. C'est elle qui permet au bassin de s'ouvrir pour laisser passer le bébé.

Les douleurs apparaissent aux alentours du 5e mois et tendent à s'accentuer jusqu'à la fin de la grossesse. Elles sont plus intenses en fin de journée, favorisées par la fatigue et la station debout prolongée.

Quelle attitude adopter ?

On ne saurait trop le répéter, mais le poids en excès est l'un des ennemis de la future maman. Plus « lourde » elle sera, plus son dos la fera souffrir.

D'autre part, elle doit se reposer le plus possible. Incitez-la à faire une sieste l'après-midi si possible, et à dormir suffisamment la nuit. Sachez que la position sur le côté gauche est la plus adaptée.

Debout, elle doit se tenir bien droite et penser régulièrement à lutter contre la cambrure excessive de son dos. Pour cela, il lui suffit de basculer son bassin vers l'avant, afin que le bas du dos soit le plus droit possible.

En position assise, elle doit également maintenir son dos bien droit, calé contre le dossier de la chaise. La position assise en tailleur permet un bon alignement : fesses calées, bassin bien orienté et dos droit, sans être tassé.

Dans les gestes de la vie quotidienne, elle doit ménager sa colonne vertébrale. Pour ramasser un objet, conseillez-lui de s'appuyer sur ses jambes et de fléchir les genoux.

L'exercice est également recommandé pour entretenir les muscles et les ligaments.

Le port d'une ceinture pelvienne en stretch (à acheter en pharmacie) peut aussi aider à diminuer les douleurs dans cette zone.

En cas de douleurs intenses, la consultation d'un médecin, d'un kinésithérapeute ou d'un ostéopathe devient nécessaire.

Et à bannir ?

Gare aux chaussures à talons hauts ! Et désormais, c'est vous qui allez porter les choses lourdes !
Les séances de shopping, durant lesquelles on piétine forcément, sont également à limiter...

Pour en savoir plus

La bonne idée : le ballon d'exercice prénatal

➔ Le ballon est un accessoire très utile pour les futures mamans. Utilisé comme siège au quotidien ou comme accessoire de relaxation, il permet de diminuer la pression sur le périnée et le relâchement du bassin.

➔ Il supporte bien le poids alourdi de la femme enceinte et fait ressentir un effet d'apesanteur. Les douleurs associées à la relaxine, comme les douleurs du pubis ou du bas du dos, sont donc largement atténuées grâce à lui.

71 JE DEMANDE MON CONGÉ DE PATERNITÉ

Eh oui, vous avez droit vous aussi à un congé pour accueillir bébé ! Le congé de paternité est certes plus court que celui de la future maman, mais il vous permet de vous familiariser avec votre rôle de papa.

Que se passe-t-il ?

Depuis 2002, tous les papas salariés ont droit à quelques jours de congé pour la naissance de leur enfant, en plus des 3 jours déjà existants.
Le congé paternité est de 11 jours consécutifs (samedi et dimanche compris) pour une naissance unique, et de 18 jours pour des jumeaux.
Il peut être pris dans le prolongement des 3 jours de la naissance, et cumulé avec des RTT.
Enfin, le papa n'est pas tenu de prendre la totalité de son congé, mais les jours restants sont alors perdus.

Quelle attitude adopter ?

Pour bénéficier de ce congé, votre employeur doit être prévenu un mois à l'avance par lettre recommandée avec accusé de réception.
L'attestation de salaire délivrée par l'employeur devra être envoyée au centre de Sécurité sociale avec le certificat de naissance de l'enfant dès le premier jour du congé.
Les indemnités journalières sont prises en charge par la Sécurité sociale à condition que vous puissiez justifier de dix mois d'immatriculation à la date de début de votre congé paternité.
Vous devez également avoir cotisé suffisamment, ou travaillé au moins 200 heures au cours des 90 jours précédant le début du congé paternité, ou au moins 800 heures au cours des douze mois précédents, en cas d'activité saisonnière.
Les indemnités sont égales au salaire journalier de base, dans la limite du plafond de la Sécurité sociale, et diminuées des cotisations de la CSG et de la CRDS.

Et à bannir ?

Attention ! Le congé paternité doit être pris dans les quatre mois qui suivent la naissance de votre enfant.

Pour en savoir plus

Règles de cumul

➔ L'indemnité journalière de paternité n'est pas cumulable avec :

- l'indemnisation des congés maladie et accident du travail ;
- l'indemnisation par l'assurance chômage ou le régime de solidarité (allocation spécifique de solidarité ou allocation spécifique d'attente) ;
- l'allocation parentale d'éducation ;
- l'allocation de présence parentale.

➔ En cas d'arrêt de travail pour maladie de longue durée, le versement des indemnités journalières pour maladie de longue durée est suspendu pendant le congé paternité.

72 ELLE A PEUR D'ÊTRE UNE MAUVAISE MÈRE

Fini, le temps où les femmes rivalisaient pour obtenir la médaille de la mère parfaite ! Désormais, elles veulent assurer sur tous les fronts. Être à la fois des bonnes mères, des épouses attentives et des femmes d'affaires au top ! Seulement, être une bonne mère semble déjà insurmontable à votre chère et tendre.

Que se passe-t-il ?

Manque de temps, de présence, de tendresse... Chez les mères, la culpabilisation est permanente. En devenant mère, les femmes se sentent responsables de tout. Et la société ne se prive pas de le leur rappeler. Menant plusieurs vies de front, la femme ne parvient aujourd'hui à les concilier qu'au prix d'une forte culpabilisation. D'où la crainte pendant la grossesse de devenir une mauvaise mère, c'est-à-dire une mère qui ne fait pas ce qu'il faut pour son bébé, ou qui le fait de travers ! Une mère qui n'est pas à la hauteur, pour résumer.

Quelle attitude adopter ?

Cool, cool ! Conseillez à votre compagne de prendre du recul si elle a peur de devenir une mauvaise mère. Après tout, elle doit accepter l'idée de ne pas coller à l'image de la maternité parfaite.
Dans quelques mois, elle aura le droit de dire : « J'en ai assez. » Laisser son bébé à la crèche ou partir en week-end sans lui ne signifie pas être une mauvaise mère. Au contraire, les mères doivent apprendre à leur enfant à vivre sans elles. Et réciproquement !

Et à bannir ?

Pas la peine de lui dire qu'elle sera une mère parfaite ! D'une part, parce qu'elle n'existe pas, et d'autre part, parce que selon certains psychanalystes, les très bonnes mères ne sont pas forcément « saines ». En effet, celles qui comblent tous les désirs de leur enfant et qui ne se réalisent qu'à travers lui sont étouffantes...

Ange, 31 ans : « "La maternité n'est pas qu'une partie de plaisir", m'a souvent confié ma sœur. Elle est souvent bien éloignée de l'image d'Épinal de la mère parfaite, comblée dès la première seconde par ses enfants angéliques. Fatigue, inquiétude, remise en question... Pas si facile d'être une maman. D'autant que la solitude est pesante pendant le congé maternité. Au parfum avant même la grossesse de ma compagne, j'ai pu lui rappeler qu'une mère n'est jamais parfaite, heureusement ! »

73 UNE DOULA À SES CÔTÉS : QU'EST-CE QUE C'EST ?

Vous savez désormais quel est le rôle du gynécologue obstétricien et de la sage-femme, mais voilà que votre compagne vous réclame une doula ! Mais qui est-ce donc ?

Que se passe-t-il ?

Encore peu connu des femmes, le métier de doula se révèle pourtant être un véritable renfort dans le suivi de la grossesse. C'est une aide précieuse pour les premiers pas de la maman.

En effet, la doula accompagne les parents durant toute la durée de la grossesse et les premières semaines de l'enfant. Elle permet à la future mère de préparer son accouchement et de lui redonner confiance dans sa capacité à donner la vie.

L'accompagnement d'une doula permet une meilleure préparation psychologique.

Après la naissance de bébé, les doulas donnent des conseils aux mamans et vérifient que ces dernières ne sont pas dans un état de détresse psychologique.

Quelle attitude adopter ?

Pour trouver une doula, il faut tout simplement consulter l'annuaire du site Internet des doulas de France : www.doulas.info
Toutes celles mentionnées ont signé la charte des doulas. Elles s'engagent entre autres à ne pratiquer aucun geste d'ordre médical et à ne pas chercher à influencer la future mère de quelque manière que ce soit.

Et à bannir ?

Ne vous y trompez pas : une doula n'est pas une professionnelle de santé. Elle ne peut donc en aucun cas remplacer le travail des sages-femmes, et encore moins celui des médecins.

Pour en savoir plus
Quelle est la formation d'une doula ?

➔ En général, les doulas suivent une formation sur l'anatomie et la physiologie de la grossesse, du travail et de la naissance. La formation porte aussi sur la période postnatale et sur les complications et les interventions médicales. L'allaitement et l'hygiène de vie sont aussi abordés lors de ces formations qui comportent des parties théoriques et des exercices pratiques, des mises en situation.

➔ Elles sont complétées par des séminaires et des conférences.

➔ Parmi les plus reconnues de ces formations figurent celles de l'association Doulas de France.

74 VAIS-JE POUVOIR ACHETER TOUT CE QU'IL FAUT POUR LE BÉBÉ ?

L'arrivée d'un bébé représente un investissement non négligeable qui peut rapidement « plomber » un budget si on n'y prend pas garde. Rassurez-vous : il existe du matériel de base et des astuces pour accueillir votre petit bout à moindres frais.

Que se passe-t-il ?

Au tout début, les besoins de bébé sont réduits à leur plus simple expression, mais ils nécessitent tout de même un investissement : le couchage, les vêtements, le change, les produits de toilette et éventuellement les biberons sont indispensables.

Quelle attitude adopter ?

Dressez une liste en faisant le point sur les besoins de bébé et vos activités quotidiennes. Ne perdez pas de vue que certains éléments, comme un coffre à jouets ou un meuble à langer, sont encombrants et d'une utilité relative.

D'autre part, les futurs parents sont souvent tentés par les objets de puériculture dernier cri. Avant de céder aux sirènes de la consommation, faites vos comptes !

Une fois vos besoins clairement établis, faites des comparaisons dans les magazines spécialisés et surfez sur le Net : des marques vous proposent des prix qui dépendent de leurs stocks, et il peut y avoir de belles différences de tarifs. Vos amis, ainsi que des loueurs professionnels, peuvent également vous prêter du matériel.

Enfin, lors de la naissance de bébé, les proches viennent souvent les bras chargés de cadeaux. Orientez-les dès à présent vers des objets ou des vêtements utiles. Encore mieux : glissez dans la conversation que vous avez ouvert une liste de naissance. Économies garanties !

Et à bannir ?

Inutile de voir tout en grand ! Si vous vivez dans un petit deux pièces, vous avez tout intérêt à réduire le matériel au strict minimum. Ainsi, pas besoin de babyphone si vous vivez dans un petit appartement. Pas la peine non plus d'acheter un meuble à langer ou une grande baignoire si votre salle de bains est de la taille d'un mouchoir de poche.
Pour autant, pas question de mégoter en ce qui concerne la sécurité de bébé : n'empruntez pas le siège-auto, qui doit être acheté neuf.

Pour en savoir plus
Les indispensables

→ La poussette, le porte-bébé, le siège-auto, le transat, le lit et la gigoteuse, un thermomètre et des couches.

→ Si votre compagne ne souhaite pas allaiter, il vous faut des biberons, et pour les stériliser, un stérilisateur. Il vous faut également penser au lit pliant (lit parapluie) si vous vous déplacez beaucoup, et au babyphone (interphone pour écouter bébé) si vous habitez une maison ou un grand appartement.

75 IL EST PRÉMATURÉ : JE NE PANIQUE PAS

Vous avez peur que votre enfant ne pointe le bout de son nez un peu trop tôt ? Votre inquiétude est légitime, mais sachez qu'environ 7 % des enfants naissent ainsi avant terme. Un chiffre en constante augmentation, notamment avec le plus grand nombre de grossesses multiples ; les jumeaux ou les triplés naissent, en effet, souvent avec un peu d'avance.

Que se passe-t-il ?

Un enfant naît à terme aux alentours de la 39e semaine de grossesse. On parle de « prématuré » si la naissance survient avant 37 semaines, et de « grand prématuré » si elle survient avant 33 semaines.
Selon le nombre de semaines de gestation, beaucoup d'enfants prématurés ne présenteront aucun problème majeur à plus long terme. Toutefois, chez les prématurés de moins de 1 500 grammes, les risques de problèmes chroniques sont très élevés.

Quelle attitude adopter ?

Les premiers mois, le bébé prématuré est un peu plus fragile que les autres. Ainsi, lorsque vous pourrez rentrer à la maison avec lui, soyez particulièrement vigilants.
D'abord, faites le point avec l'équipe médicale sur les précautions à prendre et n'hésitez jamais à les joindre si vous avez des questions. Préparez bien la chambre de bébé, qui doit être adaptée, avec une température de 19 °C. Éloignez vos animaux domestiques de ce lieu

stratégique pendant quelques semaines. Lavez-vous les mains avant et après avoir changé bébé, et avant chacun de ses repas.
Consultez le médecin en cas de gastro-entérite, de bronchiolite, de reflux gastro-œsophagien et autres problèmes pulmonaires ou digestifs.

Et à bannir ?

Attention aux troubles respiratoires en hiver. Lorsqu'un bébé naît trop tôt, ses poumons ne sont souvent pas encore totalement matures, et restent fragiles. Le danger principal concerne alors les infections hivernales, et particulièrement le virus de la bronchiolite.

Pour en savoir plus
Un suivi particulier

➔ Dès la sortie de l'hôpital, vous pouvez faire suivre votre bébé comme tout autre enfant par un médecin généraliste ou un pédiatre. S'il s'agit d'un grand prématuré, vous pouvez bénéficier d'un suivi spécialisé à l'hôpital. Dans certaines régions, ce suivi sera assuré par le Centre d'action médico-sociale précoce. Ce service propose de suivre l'enfant dès sa naissance jusqu'au début de sa scolarité (7 ans).

76 ELLE A PEUR D'ACCOUCHER, ET JE NE SAIS PAS QUOI DIRE POUR LA RASSURER

Le grand jour de l'accouchement approchant, vous angoissez, et vous n'êtes pas le seul ! Votre compagne semble en effet paniquée à l'idée d'accoucher.

Que se passe-t-il ?

L'attente d'un enfant peut se teinter d'inquiétudes. Appréhension de la péridurale, crainte d'avoir mal, angoisse de la mort… ces réactions sont normales. Nombreuses sont les futures mamans qui redoutent l'accouchement. Réelles ou infondées, ces craintes sont effacées dès le premier regard de votre bébé.

Quelle attitude adopter ?

Quelle que soit l'origine des peurs de votre compagne, mieux vaut en parler à un professionnel. Qu'elle n'hésite pas à assister aux cours de préparation à l'accouchement et à dire ses craintes à la sage-femme. Elle peut aussi frapper à la porte d'un psychologue ou d'un psychiatre. Exprimer ses appréhensions, c'est les affronter.

Et à bannir ?

Éloignez tous les oiseaux de mauvais augure qui prédisent un accouchement dantesque à votre compagne ! Chaque accouchement, comme chaque grossesse, est particulier. Les futures mamans ne les vivent pas de la même façon, fort heureusement.

Alain, 43 ans : « Mon épouse redoutait énormément l'accouchement. Le jour J, elle est allée à la maternité en pensant demander un calmant étant donné qu'elle estimait que les contractions n'étaient pas régulières. En fait, elles avaient bien lieu toutes les cinq minutes ! Et elle a été très zen tout au long de l'accouchement qui a été rapide (3 h 30). De toute façon, on oublie vite, elle comme moi, quand on sert le bébé dans les bras ! »

77 ELLE DOIT RESTER ALLONGÉE

Bon d'accord, la grossesse n'est pas une maladie : elle vous l'a suffisamment répété ! Mais alors, pourquoi le médecin lui a demandé de rester allongée ?

Que se passe-t-il ?

Si, pour certaines femmes, les neuf mois de grossesse se passent bien, d'autres, en revanche, doivent rester au lit. Une mesure pour protéger à la fois maman et bébé.
Plusieurs raisons motivent la décision du gynécologue de demander à la future maman de rester allongée à la maison ou à l'hôpital.
Parmi ces raisons, il y a les contractions précoces, dues à un utérus hyperactif, et pouvant entraîner un accouchement précoce.
En cas de *placenta prævia* (placenta anormalement plus bas), qui occasionne des saignements, votre compagne devra également se mettre au repos.
Un fœtus en retard sur sa croissance ou une hypertension artérielle peuvent également être en cause.

Enfin, le médecin peut demander à votre compagne de rester allongée si on lui a fait un cerclage. Cette opération ferme le col de l'utérus grâce à un fil de nylon. Il est en général pratiqué sur les femmes sujettes aux fausses couches ou aux accouchements prématurés.

Quelle attitude adopter ?

Puisque votre compagne va passer pas mal de temps dans votre lit, commencez par aménager son espace. Aérez la pièce avant de partir au travail et installez des plantes. Achetez-lui un oreiller confortable pour qu'elle puisse bien caler son dos.
Afin qu'elle s'occupe pendant la journée, achetez-lui les livres qui lui font envie. Conseillez-lui de se mettre à la couture ou à la broderie, même si ce n'est clairement pas son truc ! Autre bonne idée : le tricot, afin de commencer à préparer le trousseau de bébé.
De la musique, la télévision, des DVD et surfer sur Internet peuvent également occuper ses journées. C'est le moment de créer son propre blog afin de partager des moments importants de sa grossesse !

Et à bannir ?

Le laisser-aller ! Rappelez avec diplomatie à votre compagne qu'une douche rapide, un peu de maquillage, des vêtements qui la mettent à l'aise, sont plus que bienvenus.
Si cette mise au repos forcé la déprime, dites-lui qu'en restant allongée, elle donne davantage de chance à votre bébé de venir au monde en bonne santé.

Pour en savoir plus
La bonne idée

➔ Si vous n'avez pas le temps de tout assumer pendant sa période de repos à la maison, faites confiance au service à domicile pour vos courses. Vous pouvez aussi prendre un rendez-vous pour votre compagne auprès d'un coiffeur à domicile, histoire qu'elle se relaxe. Si elle a mal à cause de la position allongée, pensez au massage réalisé par des professionnels.

➔ Enfin, mettez à sa disposition ce dont elle a besoin, comme les médicaments, de l'eau, la télécommande de la télévision et l'ordinateur portable…

78 L'ACUPUNCTURE, ÇA SERT À QUOI ?

Brrr, vous fuyez déjà tout ce qui ressemble à une aiguille en tant normal, alors non, l'acupuncture ne vous dit rien qui vaille ! Pourtant, c'est une technique qui est tout à fait indiquée pendant la grossesse.

Que se passe-t-il ?

Médecine ancestrale originaire de Chine, l'acupuncture consiste à stimuler un point précis du corps en vue de rétablir une circulation énergétique perturbée.

Elle est encore peu pratiquée en obstétrique. Pourtant, elle permet de traiter les petits maux passagers comme les vomissements, la constipation ou l'insomnie.
Elle est également très efficace pour atténuer les prurits ou les hémorroïdes. L'acupuncture est aussi recommandée en tant que préparation à l'accouchement. Les séances permettent d'aider à la maturation du col, de faire descendre le bébé, puis de détendre le col.
Enfin, l'acupuncture permet de stimuler la montée du lait.

Quelle attitude adopter ?

Faites confiance à l'acupuncteur et, pour plus de sécurité, choisissez-en un qui soit médecin. Votre compagne ne doit pas hésiter à poser des questions pendant les séances, qui durent une vingtaine de minutes. Le dialogue au cours de la séance est, en effet, aussi important que la pose des aiguilles.
Une à deux séances d'acupuncture suffisent normalement pour régler les petits maux de la grossesse. Il faut compter en général une dizaine de jours entre deux séances.

Et à bannir ?

Phobiques de l'aiguille, soyez rassurés ! L'acupuncture est quasi indolore et elle est absolument sans effets secondaires sur la mère comme sur le bébé.
Ne soyez pas pour autant trop exigeant. Les effets de cette technique ne sont pas immédiats et il faut généralement attendre trois ou quatre jours pour constater une amélioration des symptômes.

Le saviez-vous ?

Après l'accouchement, cette technique permet d'apaiser les douleurs postnatales, comme par exemple les tranchées utérines et les douleurs liées à l'allaitement, notamment celles ressenties au niveau des seins ou dues aux crevasses.
L'acupuncture est également utilisée pour traiter le baby-blues et la dépression *post-partum*.

79 FUTUR PAPA STRESSÉ, J'AIME BIEN L'IDÉE D'UN ACCOUCHEMENT PROGRAMMÉ

Plus le jour fatidique de l'accouchement approche, plus vous vous dites que l'imprévu est décidément difficile à gérer ! Et pour cause, car c'est bébé qui va décider quand il pointera le bout de son nez. Mais s'il fallait envisager un accouchement programmé ?

Que se passe-t-il ?

Des complications ou des maladies survenues pendant la grossesse peuvent justifier un déclenchement artificiel, parce que la santé de la maman ou celle du bébé sont en jeu.
Il arrive également que le bébé se fasse attendre. L'accouchement est alors plus que nécessaire car le placenta vieillit. Son rôle d'échange n'est plus optimal.

Plus rarement, les médecins peuvent faire le choix d'accoucher la future maman au moment propice pour des raisons d'organisation.

Quelle attitude adopter ?

Faites confiance à l'équipe médicale : si elle décide d'avoir recours à l'accouchement programmé, c'est qu'elle a de bonnes raisons.
Dans la pratique, sachez que la future maman entre la veille ou le matin même à l'hôpital. Les médecins utilisent de l'ocytocine. Le produit est injecté par intraveineuse et son débit augmente peu à peu jusqu'à l'obtention de contractions régulières. La maman à jeun est placée sous monitoring et péridurale en attendant bébé. Le reste se fait naturellement !

Et à bannir ?

Un accouchement programmé n'est pas un acte anodin : alors pas question de le demander uniquement parce que vous avez peur d'arriver trop tard à la clinique le jour J !

Raynald, 45 ans : « Ma compagne a eu un accouchement programmé et deux autres accouchements non programmés. Ce sont deux expériences très différentes.
L'accouchement programmé était lié à des problèmes de santé de ma compagne en fin de grossesse. Cet accouchement nous a paru maîtrisé, cadré, trop peut-être, mais au final, notre fille est née au bout de huit heures. Elle a très bien grossi, de façon régulière. Cependant, je reconnais que nous avons largement préféré les accouchements classiques, plus stressants, certes, mais moins médicalisés. »

Le saviez-vous ?

Même s'il est plus confortable pour les parents et l'équipe médicale, l'accouchement programmé présente des inconvénients : médicalisation plus importante de l'accouchement, travail plus long, contractions plus douloureuses, taux de césariennes plus élevé, recours aux forceps plus fréquent.

80 JE RÉFLÉCHIS AU CONGÉ PARENTAL

Vous avez envie de profiter de votre futur enfant au maximum et de prendre un peu de recul par rapport à votre activité professionnelle ? Pensez au congé parental, de plus en plus demandé par les jeunes papas.

Que se passe-t-il ?

Vous pouvez bénéficier du congé parental si vous venez d'avoir un enfant et si vous êtes salarié de l'entreprise depuis au moins un an au jour de la naissance ou de l'adoption de l'enfant.
Vous pouvez prendre votre congé jusqu'au troisième anniversaire de l'enfant.
La durée du congé est initialement d'un an au plus, renouvelable deux fois. Pendant la durée du congé parental, votre contrat est suspendu, mais non rompu, et vous n'êtes pas rémunéré.
En ce qui concerne l'ancienneté, le congé est pris en compte pour moitié.

Néanmoins, des accords de branche peuvent prévoir les conditions dans lesquelles la période d'absence des salariés est intégralement prise en compte.
Vous conservez le bénéfice de tous vos avantages acquis.

Quelle attitude adopter ?

Pour prendre un congé parental, vous devez informer votre employeur par lettre recommandée avec accusé de réception, ou par lettre remise en main propre contre récépissé. Vous devez y indiquer la date de début et la durée du congé parental.
Cette lettre doit être adressée dans un délai de deux mois au moins avant le début du congé.
Pour toute information, adressez-vous aux représentants du personnel ou à une organisation syndicale. Autres interlocuteurs : Travail Info Service (du ministère en charge du travail) ou la direction départementale du Travail, de l'emploi et de la formation professionnelle (DDTEFP).

Et à bannir ?

Ne vous faites pas d'illusions ! Grâce au congé parental, vous allez profiter de votre enfant, mais vous risquez aussi de vous isoler professionnellement. Et éventuellement de regretter votre choix. Pour ne pas tomber dans ce piège, continuez à garder des liens avec vos collègues afin de vous tenir au courant de ce qui se passe dans votre entreprise. Ainsi, la reprise sera plus facile.

Pour en savoir plus
Retour à l'emploi

➔ À l'issue du congé parental, vous devez retrouver votre emploi ou un emploi similaire accompagné d'une rémunération équivalente. À votre retour dans l'entreprise, vous pouvez bénéficier d'une action de formation professionnelle ou d'un bilan de compétences.

➔ Vous avez également le droit à un entretien avec votre employeur afin de discuter de votre orientation professionnelle.

➔ Enfin, si vous décidez de ne pas reprendre votre emploi à la fin du congé parental, sachez que vous devez respecter le même préavis que lors d'une démission.

81 PÉRIDURALE *OR NOT* PÉRIDURALE ?

L'accouchement sans douleur ? C'est presque possible grâce à la péridurale ! Réalisée par un anesthésiste, elle permet de vivre plus sereinement l'accouchement. Un plus pour la maman, pour le bébé, mais aussi pour vous.

Que se passe-t-il ?

La péridurale est posée à la demande de la future maman quand le col est dilaté à environ 2 cm. Elle permet d'accoucher sans douleur. L'anesthésiste injecte dans la région lombaire basse un produit anesthésique qui insensibilise les nerfs. Il laisse un cathéter en place afin de pouvoir réinjecter une dose si la future maman commence à ressentir des contractions.

La péridurale peut aussi être ambulatoire. C'est le même principe, mais le produit est plus dilué et c'est votre compagne qui décide de se l'administrer.

Quelle attitude adopter ?

Si la future maman souhaite bénéficier de la péridurale, elle doit consulter un anesthésiste durant son 8e mois de grossesse. Il lui prescrira une prise de sang pour savoir si elle ne présente pas de contre-indications (troubles de la coagulation, troubles neurologiques, allergies, risques d'infection, etc.).
Lors de ce rendez-vous, renseignez-vous sur ses méthodes de travail et sur votre marge de liberté face à la péridurale.

Et à bannir ?

Pas d'optimisme exacerbé, car la péridurale n'est pas la panacée. Elle diminue parfois les sensations pendant l'accouchement et peut provoquer, mais rarement, des douleurs lombaires ou des maux de tête.
D'autre part, il faut savoir que le produit met quinze minutes à agir.

Pour en savoir plus

Idée reçue : les tatouages rendent la péridurale risquée

➔ On pense que les tatouages sont une contre-indication à l'anesthésie péridurale, car l'aiguille qui perce la peau tatouée entraîne avec elle de l'encre et augmente les risques infectieux. Ce n'est pourtant pas systématique. Il faut, en effet, prendre en compte la position et la taille du dessin. Seul l'anesthésiste peut mesurer le risque. Il convient donc de lui signaler tout tatouage.

82 GRAND MÉNAGE AVANT L'ARRIVÉE DE BÉBÉ

Un constat qui va en faire maugréer plus d'un : la poussière est malheureusement renouvelable. Il ne suffit pas d'un coup de balai par mois pour s'en débarrasser. Il va donc falloir vous munir de cet étrange objet qu'on appelle un aspirateur avant le retour tant attendu de votre petite famille !

Que se passe-t-il ?

Bon d'accord, le partage des tâches a toujours été inégal chez vous. Vous n'êtes pas le seul, car selon une étude menée en Europe par Mapa/Spontex, les Français ne font preuve de bonne volonté que pour faire les courses et vider les poubelles !
Lorsqu'on leur cite une liste de neuf tâches ménagères courantes, les hommes reconnaissent que pour plus de la moitié d'entre elles, ils essaient d'éviter de les faire, voire ne les font jamais. La France, un pays de machos ? Et si vous prouviez le contraire ?

Quelle attitude adopter ?

Rangez toutes les petites choses qui feront un gros tas demain. Prévoyez des fiestas chez vous quand la future maman est absente, bien sûr. Vous vous sentirez obligé d'assurer un minimum de

propreté afin d'éviter la honte de recevoir dans un appartement dégoûtant.
Même si cela n'est pas naturel, adoptez le réflexe multitâche, qui consiste à faire plusieurs choses à la fois. Quand vous attendez que la lessive se termine, passez la serpillière.
Ne lavez pas les vêtements chaque fois que vous les portez, sauf si vous êtes du genre à prendre une douche par semaine.

Et à bannir ?

Ne laissez pas la vaisselle s'accumuler dans l'évier en vous disant que vous préférez les travaux d'Hercule aux petites tâches quotidiennes. Faites-la dès que vous avez mangé. C'est d'ailleurs une règle de base en ce qui concerne le ménage : ne remettez jamais à demain ce que vous pouvez faire aujourd'hui !

Pour en savoir plus
Faire le ménage serait un aphrodisiaque ?

➔ Une étude de sociologues de l'université de Riverside, en Californie, démontrerait, en effet, que les hommes qui participent aux tâches ménagères, ont aussi une vie sexuelle plus épanouie !

➔ Mais pourquoi donc ? En réalité, la raison serait plutôt à chercher du côté des femmes : il semblerait que plus les hommes participent aux tâches domestiques, plus les femmes se sentent heureuses. Et plus elles se laissent tenter par la bagatelle !

Pour en savoir plus
Astuces naturelles

➔ N'oubliez pas que les femmes ont un sens de l'odorat incroyable. Voici quelques astuces naturelles pour que votre maison sente bon au retour de bébé et de sa maman.

➔ Mettez un petit bouquet de lavande dans les W-C, et dans la cuisine une orange piquée de clous de girofle, ou encore un petit sac de toile contenant des clous de girofle et garni de quelques bâtons de cannelle et d'épis de blé. Dans les armoires à linge, des petits savons naturels dispersés éviteront l'odeur de renfermé ; attention toutefois car ils peuvent tacher le linge, pensez donc à les envelopper dans quelque chose. Dans le frigo, rien de tel qu'un petit pot ouvert contenant du bicarbonate de soude.

83 J'AI UNE PEUR BLEUE DE RATER LE GRAND JOUR

Arriver trop tard pour la naissance du bébé : voilà une de vos (nombreuses) angoisses. Souvent, sur la route, vous craignez en effet que bébé n'attende pas son papa.

Que se passe-t-il ?

La durée de l'accouchement peut être évaluée en moyenne, et donc en théorie… mais en pratique, et dans votre cas particulier, c'est la grande inconnue !

Sachez seulement qu'on évalue sa durée moyenne à 13 heures pour le premier enfant, et à 8 heures pour les suivants.

Quelle attitude adopter ?

Le médecin vous indique quand vous rentrez dans la phase critique durant laquelle l'accouchement peut survenir à n'importe quel moment. Donc, organisez-vous en conséquence et espacez vos rendez-vous. Gardez toujours votre téléphone portable sur vous en mode vibreur et sonnerie, et ne partez pas trop loin.
Si vous avez vraiment peur de ne pas être présent le jour J, demandez à la mère de la future maman ou à l'une de ses amies de vous remplacer le temps que vous arriviez.
Une fois sur place, tentez dans la mesure du possible de rester zen. Si votre compagne est trop stressée, elle risque de produire de l'adrénaline, qui bloque le processus naturel des contractions. À l'inverse, dans un environnement rassurant, des hormones naturelles favorisent l'accouchement. C'est le cas de l'ocytocine qui accélère les contractions, et des endomorphines qui atténuent la douleur.
Les maternités proposent souvent de diffuser de la musique pendant l'accouchement. Transformez-vous en DJ et prévoyez un CD de musique relaxante.

Et à bannir ?

Ne roulez pas à tombeau ouvert pour arriver à temps. Votre compagne risque de cumuler peur de l'accouchement et peur de l'accident.
Ne culpabilisez pas non plus outre mesure. Si vos obligations professionnelles vous empêchent d'être présent tout au long de l'accouchement, vous ne serez pas pour autant un piètre père. L'essentiel étant d'être présent lors de la grande rencontre avec bébé !

Valentin, 25 ans : « Je suis VRP et donc, par la force des choses, souvent absent. Le jour de l'accouchement de ma femme, j'avais prévu des rendez-vous non loin de la ville où nous habitons. Quand ma compagne m'a appelé, je n'ai malheureusement pas eu le temps de revenir assez vite pour la conduire à la clinique. J'y suis arrivé avec deux heures de retard. J'avais peur que ma compagne m'en veuille, mais elle était bien trop occupée à souffler entre les contractions pour cela. Nadia a finalement pointé le bout de son nez huit heures plus tard, et j'ai donc largement eu le temps de participer au grand événement ! »

Pour en savoir plus
Les différentes phases du travail

➔ Première d'entre elles : la dilatation. Grâce aux contractions, le col de l'utérus va progressivement se dilater. C'est la phase la plus longue de l'accouchement, elle dure environ huit à onze heures... On distingue plusieurs étapes dans la dilatation : le début du travail (le col se dilate de 0 à 3 cm), le travail actif (le col se dilate de 4 à 7 cm) et enfin la phase de transition. Le col atteint les dix centimètres fatidiques grâce à d'intenses contractions rapprochées. Il est alors suffisamment dilaté pour laisser passer la tête du bébé. Celui-ci s'engage pour franchir le périnée, et votre compagne est prise d'une irrésistible envie de pousser. Contrairement à ce que l'on peut imaginer, cette phase est l'une des plus courtes de l'accouchement : environ une heure pour un premier bébé, trente minutes pour un deuxième. Enfin, pendant que vous faites connaissance avec bébé, l'utérus se contracte à nouveau pour expulser le placenta, dix à trente minutes plus tard.

84 LE CONGÉ PATHOLOGIQUE, C'EST QUOI ?

Le congé pathologique n'est pas un congé maternité, mais un congé maladie prescrit par un médecin. Plus de la moitié des femmes en bénéficient.

Que se passe-t-il ?

Le congé pathologique peut être considéré comme un rallongement du congé maternité, mais il n'en fait pas partie. Il doit être attesté par certificat médical comme résultant de la grossesse.
D'une durée de deux semaines, il peut être accordé avant le début du congé prénatal.
Les indemnités journalières sont versées à votre compagne par la Sécurité sociale. Il peut éventuellement y avoir un complément de salaire de la part de l'employeur, exactement comme pour le congé maternité.

Quelle attitude adopter ?

Les démarches sont minimes. Votre compagne doit seulement prévenir son employeur par lettre recommandée avec accusé de réception, en joignant le certificat médical.

Et à bannir ?

Ne vous y trompez pas : le congé pathologique n'est ni un droit, ni un congé de confort.

Pour en savoir plus
Quelle est la différence entre le congé pathologique et le congé pour suites de couches pathologiques ?

➔ En cas de dépression postnatale, de césarienne aux suites difficiles ou de toute autre raison médicale, un congé pour suites de couches pathologiques, d'une durée de 28 jours maximum, peut être prescrit.

➔ Contrairement au congé pathologique prénatal, le congé pour suites de couches pathologiques est assimilé à un congé maladie. Votre compagne perçoit donc une indemnité égale à 50 % de son salaire journalier de base.

85 UNE VALISE SUR MESURE POUR MAMAN ET BÉBÉ : OUF, LA MATERNITÉ FOURNIT LA LISTE DÉTAILLÉE !

La fameuse valise : depuis le temps qu'on vous dit qu'elle doit être prête quelques semaines avant l'accouchement... Mais on y met quoi ?

Que se passe-t-il ?

Vous avez sans doute compris qu'on n'arrive pas à la maternité les mains dans les poches ! Alors impossible d'échapper à la valise maternité. Il y va du confort de la maman et de votre futur bébé.

L'accouchement en lui-même et les quelques jours passés à la maternité représentent une période de transition importante qui nécessite un minimum de préparation. Vous devez donc prévoir le strict nécessaire. Sachez que la valise maternité doit être fin prête dès le 7e mois de grossesse, et que la plupart des maternités fournissent une liste exhaustive du nécessaire.

Quelle attitude adopter ?

Pour bébé, glissez dans la valise :

- 10 bodys ;
- 1 gilet ;
- 5 paires de chaussettes ;
- 5 pyjamas avec pieds ;
- 1 bonnet en coton ;
- 10 bavoirs ;
- des langes en tissu pour essuyer ses régurgitations ;
- des couches si la maternité n'en prévoit pas ;
- des biberons si votre compagne n'allaite pas ;
- ses produits de toilette (nettoyant sans savon spécial bébé, lait de toilette, sérum physiologique en dosettes, brosse à cheveux en soie) ;
- du coton pour le nettoyage de ses yeux et de ses oreilles ;
- 8 serviettes de toilette (pour mettre sur la table à langer, le sécher, l'envelopper, etc.) ;
- des moufles si bébé a tendance à se griffer le visage ;
- 1 gigoteuse bien chaude pour le départ à la maison.

Prévoyez aussi pour sa maman :

- 2 paires de chaussettes ;
- des chaussons ;

- 2 chemises de nuit boutonnées à l'avant ;
- une robe de chambre ou un gilet ;
- des chemises amples et des T-shirts toujours ouverts sur le devant si elle allaite ;
- sa trousse de toilette avec les produits essentiels ;
- des culottes jetables ;
- 1 peignoir ;
- des serviettes de toilette ;
- des serviettes hygiéniques très épaisses ;
- des mouchoirs ;
- une bouée pour s'asseoir et soulager le périnée encore douloureux ;
- un sèche-cheveux pour sécher la cicatrice.

Et pour l'allaitement, des soutiens-gorge spécifiques avec ouvertures sur le devant, et des coussinets d'allaitement. À glisser aussi dans la valise : une crème apaisante anticrevasses et des compresses en gaze pour protéger le bout des seins des irritations.

Et à bannir ?

Une maternité n'est pas le lieu idéal pour un défilé de mode, donc même si votre compagne est une *fashion addict*, rappelez-lui qu'elle n'a pas besoin d'emporter toute sa garde-robe !

Pour autant, pas question de faire l'impasse sur toutes ces petites choses, comme le maquillage ou les accessoires à cheveux, qui lui permettent de se sentir plus belle. Pensez aux photos !

Pour en savoir plus
Les papiers à ne pas oublier

- Le livret de famille ou la reconnaissance anticipée si elle est faite
- La carte du groupe sanguin
- Les derniers examens de laboratoire (résultats d'analyses)
- La dernière échographie
- La carte de Sécurité sociale (attestation et carte vitale)
- La carte de mutuelle
- Le carnet de maternité

86 LA CÉSARIENNE : POUR QUI, QUAND, COMMENT ?

Encore un de ces mots que l'on préfère ne pas entendre lorsqu'on attend un enfant. Pourtant, même si une césarienne n'est pas prévue, autant savoir comment elle se passe à l'avance. Histoire de ne pas vous trouver fort dépourvu quand le moment sera venu !

Que se passe-t-il ?

La césarienne consiste à faire naître votre bébé par « voie haute » en pratiquant une incision sur le bas du ventre, au niveau de l'utérus. Une pathologie de la mère ou du fœtus, une poussée d'herpès génital ou une disproportion entre le bassin de la maman et le volume du bébé peuvent justifier une telle intervention.
Parfois, l'obstétricien décide également d'intervenir si le bébé refuse de se présenter la tête la première dans le bassin.

Dans la pratique, le chirurgien incise la peau, le plus souvent à l'horizontale, à 3 cm au-dessus de l'os du pubis. Il écarte ensuite les muscles de la paroi abdominale pour pouvoir pénétrer dans la cavité où se trouve l'utérus. En quelques minutes, il extrait le bébé. Le cordon ombilical est alors coupé. La sage-femme peut le présenter à la maman avant de lui donner les soins habituels.

Pendant ce temps, le chirurgien extrait le placenta. Il vérifie que l'utérus est vide et le referme rapidement afin d'éviter les saignements. La peau de la maman est ensuite recousue avec des fils ou des agrafes. L'opération ne dure que trente à soixante minutes.

Quelle attitude adopter ?

Faites confiance à l'équipe médicale. Si le gynécologue obstétricien décide de pratiquer une césarienne, c'est pour le bien de votre compagne et de votre bébé.

De retour à la maison, il vous faudra l'aider davantage que si elle avait accouché normalement.

Elle sera peut-être surprise de constater qu'elle ne ressent rien dans la zone où elle a été opérée. Cette insensibilité est temporaire, mais elle peut durer cinq ou six mois. En revanche, la cicatrice peut la démanger.

Prévues pour permettre à son corps de se remettre, les séances de kinésithérapie prescrites par le médecin peuvent être pratiquées six à huit semaines après l'accouchement.

Et à bannir ?

Ne soyez pas déçu si vous ne pouvez pas assister à la césarienne. A priori, rien ne s'y oppose, et le champ opératoire devrait vous isoler du champ de bataille. Cependant, certains obstétriciens refusent la présence du père dans le bloc opératoire. Ils craignent sa réaction face à une éventuelle complication.

Pour en savoir plus
Césarienne un jour, césarienne toujours ?

➔ Avant d'envisager une seconde grossesse, mieux vaut attendre six à douze mois afin que la cicatrice ait le temps de se consolider. Un nouvel accouchement par voie basse est possible, sous certaines conditions. Si la précédente césarienne était liée à un bassin trop étroit, elle sera de nouveau pratiquée. En revanche, si l'opération a été motivée par une cause accidentelle, un accouchement par voie basse est a priori envisageable, à condition que le bébé se présente bien et que l'accouchement se déroule facilement. Dans les faits, les secondes césariennes sont fréquentes (50 % des cas).

87 IL JOUE LES PROLONGATIONS

En France, on considère qu'une grossesse arrive à terme au bout de 280 jours, soit 40 semaines.
Après, on dit que l'enfant naît « après terme », ce qui est le cas de 3 % des naissances.

Que se passe-t-il ?

Un dépassement du terme est sans conséquence pour le fœtus aussi longtemps que le placenta reste efficace. Le bébé risque simplement d'être plus gros et plus grand que les autres !
L'insuffisance de l'activité placentaire entraîne cependant une diminution des apports nutritionnels et d'oxygène dans le sang.
À partir de ce moment, c'est la santé du bébé qui est en danger.
Une diminution significative des mouvements, l'irrégularité du rythme cardiaque, le rejet du méconium sont des signes de souffrance fœtale.

Quelle attitude adopter ?

À partir du moment où le terme est dépassé, votre compagne doit prendre rendez-vous avec son obstétricien.
Si sa grossesse est dite « à risque », la prise en charge se fera dès la 40e semaine. Pour une grossesse dite « normale », la surveillance débutera dès la 41e semaine.
Elle devra se rendre à la clinique soit tous les deux jours, soit tous les jours.
Dès qu'une souffrance fœtale est détectée, son obstétricien lui proposera de déclencher l'accouchement.

Et à bannir ?

Pas de raison de paniquer. La surveillance médicale consiste justement à éviter toute souffrance fœtale. Seul un quart des dépassements du terme entraînent un ralentissement de l'activité du placenta.

Édouard, 34 ans : « Nathan était prévu pour le 12 juin. Le 11, nous avons appelé l'équipe médicale de la maternité qui nous a demandé de venir le lendemain matin. La sage-femme a réalisé tous les contrôles et nous a dit qu'un déclenchement n'était pas nécessaire, car bébé serait là d'ici 48 heures. Effectivement, notre fils est arrivé le lendemain matin, naturellement, mais en siège !
Tout s'est très bien passé, et je garde un excellent souvenir de cet accouchement. »

88 ACCOUCHEMENT : Y ASSISTER OU PAS ?

Il n'y a pas si longtemps, les futurs papas attendaient la naissance de leur enfant dans le couloir en faisant les cent pas. Aujourd'hui, ils sont nombreux à assister à tout ou partie de l'accouchement. Mais certains restent très réticents.

Que se passe-t-il ?

Si, en accord avec votre compagne, vous assistez à l'accouchement, nul doute que ce sera un moment intense à partager. Mais parfois, malgré cette décision, vous ne serez pas là, car l'accouchement aura été précipité en votre absence. Si l'accouchement se déroule avec certaines difficultés nécessitant des actes chirurgicaux, on pourra aussi vous interdire d'y assister.
Mais si tout va bien, plusieurs options s'offrent à vous. Vous pouvez assister à la période de travail et/ou à l'accouchement en lui-même.

Il sera important au préalable de participer avec la future maman à un cours de préparation à l'accouchement. Vous pourrez poser toutes les questions à la sage-femme et échanger avec les autres parents présents, et notamment avec les papas.
Le jour J, vous pourrez ainsi aider votre compagne à trouver sa respiration, la rassurer et l'encourager. Vous serez très utile en l'apaisant, en lui souriant, en lui serrant la main. Vous pourrez aussi, si aucune complication n'a eu lieu, couper le cordon ombilical avant que l'enfant ne soit posé sur le ventre de sa maman. Partager ce moment avec votre compagne sera sans nul doute inoubliable. De quoi fortifier encore un peu plus le lien entre vous trois.

Quelle attitude adopter ?

Si vous hésitez, parlez-en librement avec la future maman, qui reste quand même la première concernée !
Vous échangerez ainsi peut-être les mêmes doutes et les mêmes angoisses. Cet échange peut vous rassurer, et même vous faire changer d'avis !

Et à bannir ?

Si vous êtes réfractaire dès le départ à l'idée assister à l'accouchement, ne vous forcez pas et parlez-en à votre compagne.
Car si vous vous forcez, vous ne faciliterez pas la tâche de la future maman et de l'équipe médicale. Surtout si vous êtes trop ému ou nerveux !
Ne culpabilisez pas : cela ne fera pas de vous un père indigne. Ne vous laissez pas non plus déstabiliser par les pressions de l'entourage.

Christian, 44 ans : « J'ai assisté à l'accouchement de ma femme, et ne le regrette pas du tout. Pourtant, je ne supporte pas la vue du sang, ni les images d'opérations lors des reportages ou dans les séries télé. Je l'ai signalé à l'équipe médicale et j'étais présent dans la salle d'accouchement au côté de ma femme. Je lui ai tenu la main durant l'opération, tout en regardant le mur du fond de la pièce, et n'ai pas cessé de l'encourager dans ses efforts. Je ne regrette pas d'avoir été présent à ce moment clé de la vie d'un papa, et il me paraissait normal d'être là. »

Guillaume, 32 ans : « De nature très angoissée, je n'ai pas assisté à la naissance de mon fils. Connaissant ma tendance à tourner de l'œil en présence de blouses blanches, ma compagne n'a pas insisté pour que je sois présent lors de son accouchement et a nettement préféré vivre ce moment aux côtés de sa rassurante maman ! »

89 UNE *BABY SHOWER*, C'EST QUOI ?

C'est pour votre compagne une bonne occasion de réunir ses amies afin de préparer l'arrivée du futur bébé. Et si vous l'aidiez à organiser la plus *hype* des fêtes prénatales ?

Que se passe-t-il ?

La *baby shower party* est la dernière fête en date à avoir traversé l'Atlantique pour célébrer les futures mamans branchées. Il s'agit d'une fête consacrée aux femmes enceintes et organisée au cours du troisième trimestre de la grossesse. Elle est très populaire aux États-Unis depuis le baby-boom qui a suivi la Seconde Guerre mondiale. Rares sont les Américaines qui n'ont pas eu de *baby shower*. En France, elle n'en est qu'à ses balbutiements.

Quelle attitude adopter ?

Deux options s'offrent à votre compagne. La première, incontestablement plus confortable, consiste à ne rien faire du tout et à se laisser porter par les événements. C'est possible si l'une ou l'autre de ses amies a décidé d'organiser la *baby shower* pour elle.
La seconde est la plus courante. Il s'agit de tout prendre en charge de A à Z, et c'est là que votre rôle commence. L'organisation la plus simple consiste à réunir ses ami(e) s chez vous autour de gâteaux, serpentins et autres flonflons. Et à vous éclipser discrètement, ou pas ! Eh oui, jusqu'à présent, les *baby showers* sont traditionnellement réservées aux femmes, mais les hommes participent de plus en plus souvent à la fête !

Et à bannir ?

Inutile de faire de l'humour en faisant croire à la future maman qu'une *baby shower* n'est que la réunion d'anciennes combattantes évoquant leurs souvenirs sanglants d'accouchement. C'est avant tout une occasion de faire la fête et de focaliser l'attention, car n'oublions pas que dans quelques mois, c'est votre petit bout qui sera la star, et plus sa maman !
Alors, elle a bien droit à son quart d'heure de gloire, non ?

Jonathan, 21 ans : « Et pourquoi pas une *baby shower* spécialement dédiée aux papas ? Une sorte d'équivalent des enterrements de vie de garçon et de jeune fille. Ça pourrait être une bonne occasion de célébrer aussi notre changement de statut. Après tout, ce n'est pas si simple de devenir papa. »

90 COMMENT RECONNAÎTRE LA PERTE DES EAUX ?

Bon d'accord, vous êtes novice en la matière, mais faut-il pour autant s'attendre aux chutes du Niagara ?

Que se passe-t-il ?

La perte des eaux est un moment clé, car elle annonce d'une part la fin de la grossesse, et d'autre part l'imminence de l'accouchement. Lorsque la poche se rompt, le liquide amniotique dans lequel flottait votre bébé s'écoule. Il peut s'agir d'un flot soudain, mais il arrive également que la perte se traduise par de petits écoulements réguliers. C'est cette régularité qui doit vous mettre la puce à l'oreille.

Quelle attitude adopter ?

Appelez la maternité pour les prévenir de votre arrivée. Perdre les eaux ne signifie pas forcément que le travail a commencé. Ce sont les contractions qui l'indiquent. Néanmoins, même si le travail peut ne commencer que quelques heures après, votre bébé n'est plus protégé contre les infections. Cela peut être dangereux pour sa santé.

Et à bannir ?

Ne vous attendez pas à voir votre compagne perdre forcément 1 litre de liquide amniotique en une fois !
C'est plutôt l'équivalent d'un verre d'eau qui s'échappe en plusieurs fois. Certaines mamans mettent d'ailleurs cette perte d'eau sur le compte de fuites urinaires.

Pour en savoir plus
Les pertes prénatales

➔ Quelques jours avant que ses contractions ne commencent, votre compagne constatera peut-être la perte de sécrétions épaisses, rosées ou tachées de sang. Il s'agit en fait du bouchon muqueux, du mucus qui obturait son col de l'utérus pendant la grossesse ; il possède des propriétés anti-infectieuses. Mais ce signe n'est pas constant, et les contractions peuvent démarrer avant la perte du bouchon muqueux. Donc, ne confondez pas la perte des eaux et celle du bouchon muqueux !

91 ELLE VA ACCOUCHER PAR LE SIÈGE

Bébé est dans les starting-blocks ! Bien au chaud dans le ventre de sa maman, il n'attend plus qu'une chose : prendre sa première bouffée d'oxygène. Dans 95 % des cas, il arrive la tête en bas. Mais il se peut que ce petit récalcitrant ait décidé de présenter ses fesses en premier !

Que se passe-t-il ?

Votre enfant se retourne généralement au cours du 7ᵉ mois de grossesse. Sa tête étant plus lourde que le reste de son corps, ses pirouettes le dirigent la tête vers le bas.
Mais certains ne sont pas des sportifs dans l'âme et se sentent très bien les fesses en bas. Bébé peut alors se présenter soit par les pieds, soit par les fesses. Dans ce dernier cas, ses jambes sont relevées et ses pieds sont à hauteur de son visage.

Quelle attitude adopter ?

Il faut attendre la troisième échographie pour déterminer la position du bébé. Si celui-ci est toujours en siège à sept mois et demi de grossesse, une version par manœuvre externe est envisageable.
Cette technique est effectuée à 8 mois pleins de grossesse, soit à 37 semaines d'aménorrhée.
Elle est effectuée sous contrôle échographique par un gynécologue, après un monitoring. Objectif ? Placer bébé dans le bon sens en exerçant une série de pressions et de massages au niveau de l'abdomen. Cependant, cette technique n'est efficace que dans la moitié des cas, et présente des contre-indications.

Et à bannir ?

Ne vous y trompez pas : une arrivée par le siège ne va pas forcément de pair avec une césarienne. Tout dépend de la taille du bassin de votre compagne, mais aussi de la taille de bébé. Pour s'assurer du bon déroulement de l'accouchement, le médecin vérifie donc ces critères grâce à l'échographie et à la radiopelvimétrie. Il détermine alors si l'accouchement peut se dérouler par « voie basse » ou non. Si les conditions sont respectées, l'accouchement par le siège est un accouchement comme les autres, si ce n'est qu'il dure généralement plus longtemps.

Pour en savoir plus
Accoucher par le siège, est-ce héréditaire ?

➔ Selon une étude norvégienne menée sur 232 704 binômes mère/enfant et 154 851 binômes père/enfant, il existe une prédisposition génétique à la présentation par le siège. Ainsi, les parents nés par le siège auraient 2,2 fois plus de risques que leur premier enfant vienne au monde dans la même position.

➔ L'équipe de chercheurs norvégiens recommande donc aux médecins et aux sages-femmes de s'informer sur les antécédents des deux parents, ce afin de veiller particulièrement au positionnement du bébé chez les couples concernés.

92 MAIS AU FAIT, POURQUOI ACCOUCHER SUR LE DOS ?

N'allez pas croire qu'accoucher sur le dos soit une position innée chez les futures mamans… Assise, accroupie… votre compagne a le choix en ce qui concerne la position de l'accouchement. Même si c'est plus facile en théorie qu'en pratique.

Que se passe-t-il ?

La position d'accouchement sur le dos, dite « gynécologique », a été inventée au XVIIe siècle pour faciliter le recours aux forceps. Elle s'avérait aussi à l'époque plus pratique pour surveiller le périnée. Elle est ensuite entrée dans les mœurs, notamment lors de l'apparition de la péridurale qui obligeait les femmes à rester allongées. Aujourd'hui, les techniques de péridurale ont évolué. Elles sont plus légères et laissent une certaine liberté aux femmes. D'où le retour en force d'autres positions pour accoucher, comme la position sur le côté, qui se pratique généralement selon la méthode anglaise ou selon la méthode de Gasquet.
La position à quatre pattes peut faciliter le passage du bébé, mais elle est aussi plus fatigante pour les mamans. On la retrouve davantage dans les accouchements à domicile.
Les postures verticales lors de l'accouchement présenteraient, quant à elles, des avantages mécaniques qui facilitent la naissance du bébé. Orienté vers le bas, il sortirait ainsi plus facilement grâce à la gravité. D'autre part, ces postures permettent un meilleur allongement de la colonne vertébrale ce qui soulage la future maman.
La position accroupie, par exemple, améliore le confort des femmes. Pourtant, peu nombreux sont les accouchements pratiqués dans cette posture, faute d'installations adéquates dans les hôpitaux. Les mamans qui mettent au monde leur enfant en position accroupie sont souvent celles qui accouchent chez elles.
Enfin, ce sont là encore les mamans qui accouchent à domicile qui adoptent plus facilement la position assise. Elles prennent appui sur les fesses, gardent le dos droit et les genoux fléchis.

Quelle attitude adopter ?

Renseignez-vous auprès de la maternité pour savoir si les mamans ont une certaine liberté de position lors de l'accouchement. Discutez-en aussi avec la sage-femme.

Et à bannir ?

Ne rêvez pas ! De nombreux gynécologues et sages-femmes ne sont pas formés pour répondre à la demande des mamans qui souhaitent accoucher autrement qu'en position gynécologique. Autre frein pour les équipes médicales : le manque d'installations adaptées pour pratiquer d'autres postures.

Paul, 32 ans : « Dès la première séance de préparation à l'accouchement, nous avons demandé à ce que ma compagne adopte la position sur le côté pendant l'accouchement. Le personnel médical de l'hôpital a respecté notre décision, prônant une vision la plus naturelle et la moins médicale possible des choses… Le moment venu, heureusement que ma compagne était sur le côté, car elle était incapable de supporter les contractions allongée sur le dos. Ma fille est née ainsi et sa maman s'est sentie vraiment à l'aise. La preuve que cette position respecte l'aspect physiologique. »

93 DOIS-JE VRAIMENT COUPER LE CORDON OMBILICAL… ?

Alors là, s'il y a bien quelque chose qui vous fait peur, c'est de couper le cordon ombilical ! Maladroit comme vous êtes, vous avez peur de faire du mal à votre bébé que vous venez juste de rencontrer !

Que se passe-t-il ?

Le cordon ombilical fait le lien entre le fœtus et le placenta. C'est à travers ce cordon que passe la nourriture dont a besoin votre enfant et que s'évacuent les déchets. La section du cordon marque la totale autonomie du bébé.

À présent, la majorité des pères souhaitent le couper, mais si ce n'est pas votre cas, un médecin sera toujours là pour vous remplacer.

Quelle attitude adopter ?

C'est un geste extrêmement simple : le médecin pose deux pinces sur le cordon et vous n'avez qu'à couper entre les deux.

Et à bannir ?

Rassurez-vous : cet acte est indolore, et pour la mère, et pour l'enfant, et cela ne saignera pas.

Pour en savoir plus
Quand couper le cordon ombilical à la naissance ?

➔ Une équipe de chercheurs canadiens s'est penchée sur ce problème. Leur constat : plus le cordon est coupé tard (plus de deux minutes après l'accouchement), plus le bilan hématologique des nouveau-nés est bon. Sectionner le cordon plus tard permet à une plus grande quantité de sang de passer du placenta à l'enfant. Un bénéfice jusqu'à présent mis en doute par les médecins, qui pensaient que ce « supplément » augmentait les risques de jaunisse et de problèmes vasculaires.

94 LE PÉDIATRE ME LE VOLE DÉJÀ : QUE VÉRIFIE-T-IL LORS DU PREMIER EXAMEN MÉDICAL COMPLET ?

Vous avez fait connaissance avec bébé depuis seulement quelques minutes et le pédiatre vous l'enlève déjà pour son premier examen.

Que se passe-t-il ?

Le premier examen de votre bébé a lieu dès la naissance. Il est pratiqué par la sage-femme, l'obstétricien ou bien le pédiatre.
Le médecin apprécie le terme du bébé en le mesurant et en le pesant afin de déceler d'éventuelles pathologies.

Le poids normal d'un bébé né à terme se situe entre 2,6 et 4 kg, avec une moyenne de 3,4 kg ; il mesure entre 46 et 54 cm, avec une moyenne de 50 cm. Le périmètre crânien mesure entre 34 et 36 cm. Le médecin observe la motricité de bébé. Il examine sa tête, ses paupières, ses yeux, son audition, sa bouche, sa peau, sa fréquence cardiaque et respiratoire. Mais aussi ses organes génitaux, la perméabilité de son anus, ses membres, la perméabilité de son œsophage et le cordon ombilical, afin de s'assurer qu'il n'y a pas d'anomalies. Ces observations seront notées sur le carnet de santé de l'enfant.

Quelle attitude adopter ?

Profitez de cet examen pour recouvrer vos esprits et redescendre lentement sur terre ! C'est aussi le moment de laisser l'équipe médicale s'occuper de la jeune maman et de sortir vous aérer la tête et appeler vos proches.

Et à bannir ?

Ne soyez pas frustré de voir ainsi s'éloigner votre bébé : l'équipe médicale vous le rendra très vite après s'être assurée de sa bonne santé.

Pour en savoir plus
Le test d'Apgar

→ Ce test permet d'établir l'état général et la vitalité du bébé. Il permet aussi de repérer la présence d'anomalies nécessitant des soins particuliers ou une intervention urgente.

➔ Il est effectué quatre fois : une minute environ après la naissance, puis cinq minutes, dix minutes et quinze minutes après la naissance. Chaque élément est noté de 0 à 2 selon une grille. Ce test permet de vérifier la fréquence cardiaque, la respiration, les réflexes, la couleur de la peau et le tonus musculaire. Le score normal du test d'Apgar est de 10/10.

95 FIER COMME ARTABAN, JE LE DÉCLARE À LA MAIRIE

Votre enfant est né et c'est le moment de le déclarer. Attention, n'attendez pas trop longtemps pour le faire !

Que se passe-t-il ?

La déclaration de naissance est obligatoire pour tout enfant. Elle doit être faite dans les trois jours qui suivent le jour de la naissance.
Si l'enfant naît un mercredi, un jeudi ou un vendredi, ce délai est repoussé au lundi suivant.

Quelle attitude adopter ?

La déclaration de naissance se fait obligatoirement à la mairie auprès de l'officier de l'état civil de la commune de naissance de l'enfant.
Vous devez fournir le livret de famille pour y inscrire l'enfant (si vous êtes mariés) et le certificat établi par le médecin ou la sage-femme. L'officier de l'état civil vous remet un carnet de santé.
Si vous n'êtes pas mariés, vous devez effectuer une déclaration de reconnaissance.

Et à bannir ?

Respectez bien le délai de trois jours, car, s'il est dépassé, vous risquez une forte amende et la déclaration ne pourra être faite qu'au tribunal du lieu de naissance de votre enfant.

Pour en savoir plus
L'acte de reconnaissance

→ Depuis le 1er juillet 2006, lorsque les parents ne sont pas mariés, la filiation s'établit différemment à l'égard du père et de la mère. Le père doit en principe reconnaître l'enfant. La reconnaissance peut être faite avant la naissance, dans l'acte de naissance, ou ultérieurement. Il suffit de vous présenter muni d'une pièce d'identité et de faire une déclaration à l'état civil de n'importe quelle mairie. L'acte de reconnaissance est rédigé immédiatement par l'officier de l'état civil. Il est signé par le parent concerné ou par les deux en cas de reconnaissance conjointe. L'officier de l'état civil vous remet une copie de l'acte, que vous pourrez présenter lors de la déclaration de naissance.

96 UNE MAISON SAINE POUR LE RETOUR DE LA MATERNITÉ

La pollution touche particulièrement les femmes enceintes, ainsi que les bébés et les jeunes enfants. Et ce, jusqu'à l'intérieur de votre maison ! Comment la limiter et comment purifier l'air intérieur ?

Que se passe-t-il ?

Les nourrissons et le fœtus de la femme enceinte sont plus fragilisés par les allergènes, polluants et produits toxiques. Or, l'air de votre maison peut être jusqu'à cinq fois plus pollué que l'air extérieur ! De plus, l'usage trop fréquent de produits ménagers peut être très nocif pour la santé respiratoire du fœtus ou des jeunes enfants. Les agents polluants, qui proviennent des acariens et des phanères d'animaux (chiens, chats ou petits rongeurs domestiques), peuvent aussi être nocifs.
Se pose aussi le problème de tous les produits chimiques volatils : les composés organiques comme le formaldéhyde, mais aussi tous les produits solvants, l'oxyde de carbone, sans oublier la fumée de cigarette. Même une exposition limitée des enfants à un polluant est suffisante pour déclencher une réaction allergique ou créer un malaise. Il est donc essentiel de fuir, ou de limiter au maximum, l'usage des produits chimiques.

Quelle attitude adopter ?

La première règle élémentaire est d'aérer votre maison au moins deux fois par jour, plus de quinze minutes, fenêtres grandes ouvertes. Faites aussi vérifier les filtres de climatisation, le système de chauffage, les chaudières, qui peuvent dégager un excès d'oxyde de carbone, hautement nocif. Il est également essentiel de traiter et d'éliminer les moisissures présentes dans la maison, ainsi que les peintures écaillées qui sont toxiques.
Si vous montez des meubles, faites-le en l'absence de bébé ou de sa maman. L'odeur de « neuf » très reconnaissable est due aux molécules de formaldéhyde, qui fait partie des COV (composés organiques volatils). Choisissez des revêtements de sol faciles à laver à l'eau

plutôt que ceux qui nécessitent un coup de balai ou d'aspirateur. Évitez d'utiliser des produits chimiques, mais aussi des insecticides ou des diffuseurs de parfum.

Et à bannir ?

Même si vous fumez quand le bébé n'est pas dans la pièce, sachez que la fumée nocive du tabac se dépose sur les vêtements et les meubles. Les produits toxiques issus de cette consommation de cigarettes vont continuer à se diffuser dans l'air de la maison. Il faut donc tout faire pour assainir votre intérieur.
Inutile également de trop chauffer vos pièces et de dépasser les 18 °C. Vous éviterez ainsi la prolifération des moisissures et des acariens.

Pour en savoir plus
Les plantes dépolluantes

➔ Les plantes sont d'excellentes alliées qui assainissent l'air intérieur de votre maison. Ce n'est pas un hasard si la Nasa les utilise pour dépolluer l'intérieur des navettes spatiales en orbite. Les plantes peuvent ainsi être installées dans toutes les pièces, mais doivent être choisies avec soin pour la chambre de bébé.

➔ Les plantes les plus efficaces pour dépolluer l'air sont : l'aloé véra et le philodendron, qui éliminent respectivement 90 et 86 % du formaldéhyde. Le philodendron élimine aussi le pentachlorophénol, et l'azalée élimine l'ammoniac ; le chrysanthème élimine le trichloréthylène, le chlorophytum élimine le monoxyde de carbone, et le lierre se charge du benzène. Pour en savoir plus, n'hésitez pas à demander des conseils à votre pépiniériste.

97 JE DONNE LE BIBERON ET JE CHOISIS LE MODÈLE ADAPTÉ

Votre compagne a décidé de ne pas allaiter le bébé, ou de ne le nourrir au sein que partiellement afin de vous faire profiter de cet instant d'intimité. C'est le moment de choisir quels biberons acheter !

Que se passe-t-il ?

Moment de complicité entre une maman ou un papa et son bébé, le repas au biberon doit être aussi un moment de calme. Ne laissez pas la sonnerie du téléphone vous déranger et installez-vous dans un endroit peu bruyant.

La tête de votre bébé doit reposer dans le creux de votre bras et son visage doit être tourné vers vous. Placez la tétine sur la langue, et non en dessous. Vérifiez l'inclinaison du biberon afin qu'il n'y ait pas d'air dans la tétine. Assurez-vous tout au long du repas que le lait s'écoule toujours bien.

Si votre bébé refuse avec insistance son biberon, ne le forcez pas.

Quelle attitude adopter ?

Sachez tout d'abord que les biberons doivent respecter la norme NF315, garante de leur qualité et de leur ergonomie.

Ensuite, vous devez choisir la matière. Les biberons en verre se rayent difficilement et ne jaunissent pas à cause du lave-vaisselle. Par contre, ils sont lourds et cassables. En plastique, ils sont légers, incassables, mais deviennent opaques rapidement.

Quelle forme choisir ? Prenez les biberons en main afin de savoir vers quel modèle vous tourner. Les modèles classiques sont ronds, mais bébé aura du mal à les tenir par lui-même lorsqu'il souhaitera

le faire. Les modèles ergonomiques lui conviendront mieux. Enfin, les biberons triangulaires ne glissent pas et se nettoient facilement. Les versions coudées permettent de limiter l'aérophagie.
Si vous hésitez entre petits ou grands biberons, sachez qu'il faut privilégier les modèles qui contiennent entre 240 et 250 ml. Choisissez ceux qui possèdent la graduation la plus visible possible. N'oubliez pas d'acheter un biberon plus petit pour faire boire des jus de fruits à votre enfant quand il sera plus grand.
En ce qui concerne les tétines, choisissez celles qui respectent la norme européenne 90/128/CEE. Elle garantit la solidité de la tétine, élément important, car bébé la tétera souvent !

Et à bannir ?

Ne faites pas l'impasse sur l'hygiène ! Préparez le biberon dans un environnement propre. Entre deux repas, lavez-le soigneusement au lave-vaisselle, ou à la main à l'aide d'un goupillon.
Ne laissez pas un biberon à température ambiante plus d'une heure.
Pour réchauffer le biberon, préférez le bain-marie ou le chauffe-biberon. Dans tous les cas, la température du lait ne doit jamais dépasser 37 °C (mettre une goutte sur l'intérieur du poignet pour se rendre compte). N'utilisez pas le micro-ondes pour réchauffer le biberon, car le risque de brûlures graves est important ! Une fois réchauffé, donnez le biberon dans la demi-heure.
Enfin, sachez que vous pouvez utiliser l'eau du robinet pour préparer le biberon. Vérifiez seulement que le filtre du robinet soit détartré, et laissez couler l'eau avant de le remplir. Vous pouvez aussi utiliser de l'eau en bouteille, recommandée pour les bébés. Mais ne la laissez pas ouverte plus de vingt-quatre heures.

Pour en savoir plus
Gare au BPA !

➔ Le Canada interdisait fin 2008 la vente des biberons contenant du bisphénol A (BPA) au nom du principe de précaution. Selon certaines études scientifiques, le BPA serait responsable de problèmes hormonaux et d'anomalies futures pour les bébés, surtout les garçons. Privilégiez donc plutôt les biberons sans BPA. Pour être sûr de ne pas vous tromper, vérifiez le chiffre dans le symbole de recyclage sur les étiquettes ou emballages : s'il s'agit d'un 7, le biberon est en polycarbonate, qui contient du bisphénol A. Choisissez ceux en polyéthylène ou polypropylène qui portent le chiffre 1 ou 2. Ou alors, optez pour des biberons en verre !

Pour en savoir plus
Quel lait choisir ?

➔ Utilisez les préparations pour nourrissons durant les quatre à six premiers mois. Puis, optez pour les préparations destinées aux bébés plus âgés. N'hésitez pas à tester plusieurs laits afin de trouver celui qui convient le mieux à votre enfant.

98 ELLE ALLAITE : JE LEUR LAISSE CE MOMENT DE COMPLICITÉ

Pendant longtemps, la plupart des Françaises ont préféré le biberon. Mais, depuis quelques années, l'allaitement fait un retour en force. Or, donner le sein n'est pas inné, et il faut bien s'y préparer !

Que se passe-t-il ?

Il n'y a rien de mieux pour un bébé que le lait maternel. Il contient du lactose, des graisses, des protéines, des acides aminés, des sels minéraux, des oligoéléments et des vitamines… Inimitable, il réduit le risque d'allergies alimentaires et protège des infections.
Autre avantage, l'allaitement permet au bébé et à sa mère de partager une relation unique.
Enfin, il n'y a rien à préparer !
La montée de lait a lieu entre le deuxième et le troisième jour après l'accouchement.

Quelle attitude adopter ?

Il faut savoir correctement placer bébé, car les crevasses et autres désagréments sont en majorité dus à une mauvaise position au sein.
Votre compagne doit être confortablement installée, sans ressentir de tension musculaire. Au besoin, elle peut utiliser des coussins et des oreillers placés sous votre enfant afin qu'il soit au niveau de sa poitrine.
Elle peut lui présenter son sein avec la main en positionnant son pouce au-dessus du sein et les autres doigts joints en dessous, loin de l'aréole.
Votre bébé doit alors ouvrir grand sa bouche : elle peut l'aider en lui caressant la lèvre ou en lui baissant le menton avec les doigts.
Sachez qu'il n'y a pas de durée normale pour un allaitement au sein. Cela peut varier de dix à quarante minutes. Tout dépend de la qualité de succion de votre enfant et du flux de lait.

Pour vérifier si la tétée se passe bien, examinez votre enfant. Ses premières aspirations sont rapides, puis amples, et vous l'entendez déglutir régulièrement après une ou deux succions.
À la fin de la tétée, votre bébé fait des pauses de plus en plus longues entre les succions.

Et à bannir ?

Ne vous sentez pas exclu de ce moment d'échange entre maman et bébé : donner le sein est certes un instant privilégié entre eux, mais vous pouvez y participer en restant à leurs côtés.

Pour en savoir plus
Sevrage en douceur

➔ La technique pour arrêter l'allaitement est la même, quel que soit le moment choisi.

➔ Le passage du lait maternel au lait premier âge se fait progressivement sur dix à quinze jours. Pour un bébé qui en est à cinq tétées par jour, il faut prévoir quatre tétées et un biberon les trois premiers jours, puis trois tétées et deux biberons les trois jours suivants, deux tétées et trois biberons les trois jours d'après, et ainsi de suite.
Autre possibilité : l'allaitement mixte au sein et au biberon, en alternance. Cependant, sachant que la lactation est stimulée par la succion, il n'est pas rare que le lait se tarisse petit à petit.

99 ALLEZ, JE VAIS ARRIVER À LE CHANGER !

« Non, non, non ! » avez-vous toujours répété à qui voulait bien l'entendre ! Non au change de bébé ! Seulement voilà, maintenant qu'il est là, difficile de dire à sa maman que le change, c'est dégoûtant… Il va donc vous falloir apprendre à manipuler couches et autres lingettes !

Que se passe-t-il ?

Un nourrisson se change six à sept fois par jour, et la maman ne peut pas tout assumer. Partant de ce constat, il va falloir surmonter certaines de vos appréhensions afin de mettre la main à la couche !
Si c'est l'odeur des selles qui vous freine, sachez que, tant que bébé est nourri exclusivement au lait, cette odeur est assez peu prononcée.
Bébé pleure ? C'est normal, car certains nourrissons ne supportent pas de se retrouver les fesses à l'air, et vous le font savoir. Donc, ne craignez pas de lui faire mal en le changeant, d'autant qu'il n'est pas aussi fragile que vous voulez bien le croire !

Quelle attitude adopter ?

Commencez par rassembler tout le matériel nécessaire, à savoir une serviette, un gant pour l'eau, du savon ou du coton si vous préférez le lait de toilette, et bien entendu les couches.
Sauf en cas de selles débordantes, vous n'avez pas besoin de déshabiller entièrement bébé. Une fois ses fesses à l'air, soulevez ses

jambes d'une main. Nettoyez en allant de l'avant vers l'arrière, du plus propre vers le plus sale pour éviter toute infection.

Si vous avez une fille, nettoyez bien tous les plis, et notamment au niveau des petites lèvres. Si votre bébé est un garçon, lavez l'aine, les testicules et le pénis, mais sans le décalotter. Une fois propre, séchez la peau méticuleusement, sans frotter.

Puis, disposez la couche verticalement et centrée sous l'enfant. Les collants doivent se trouver derrière, en dessous. Enlevez les adhésifs de protection, puis refermez la couche de manière ni trop serrée pour ne pas comprimer bébé, ni trop lâche pour assurer l'étanchéité.

Dernier conseil utile : si bébé est un garçon, assurez-vous que son pénis soit bien orienté vers le bas, sous peine de fuites assurées !

Et à bannir ?

Une fois bébé posé sur la table à langer ou sur une surface plane, ne le laissez jamais seul, car il peut tomber très facilement.

Pour en savoir plus
Comment utiliser les couches lavables ?

→ Rassurez-vous : les couches lavables n'ont rien à voir avec celles de nos grands-mères. Préformées et adaptées à la morphologie de l'enfant, elles se ferment par des scratchs ou des boutons-pressions. Posée au fond de la couche, une feuille de cellulose biodégradable permet de récupérer les selles. Une culotte de protection assure l'étanchéité de l'ensemble. Pour la nuit, la couche peut être équipée d'une protection plus épaisse. Lors du change, il suffit d'ôter la feuille et de la jeter aux toilettes, puis de passer la couche à la machine à laver.

100 JE NE DOIS PAS OUBLIER LES FAIRE-PART !

Le faire-part annonce à votre famille et à vos amis la venue de la huitième merveille du monde, quand même ! D'où l'importance de le choisir avec soin ou, pourquoi pas, de le faire vous-mêmes.

Que se passe-t-il ?

Un faire-part de naissance indique la date et l'heure de naissance du bébé, et éventuellement son poids et sa taille.
Il peut être traditionnel, humoristique, original, et en tout cas personnalisé !
Il est de plus en plus fréquent de joindre une photo numérique de bébé, dans un emplacement prévu sur le faire-part. Le faire-part peut même être une photo !

Quelle attitude adopter ?

Le format le plus traditionnel pour un faire-part est le format A5 plié en deux. Vous pouvez opter pour un faire-part carré, rond, ovale ou en triangle. Mais gardez à l'esprit que vous devrez trouver des enveloppes adaptées.
Pour personnaliser votre faire-part, découpez de petites fenêtres ou des formes dans le carton. Évitez le papier classique trop fin, et privilégiez le papier Canson ou le papier glacé.
Pour ce qui est des motifs, en première page du faire-part figurent, traditionnellement, un dessin de bébé, une photo de votre enfant, etc., mais aussi des éléments graphiques symboliques de l'enfance, comme une peluche ou une poupée. Cependant, rien vous oblige à vous plier à ces conventions et un faire-part original marquera plus les esprits !

En ce qui concerne les couleurs, tous les goûts sont dans la nature. Sachez tout de même qu'un fond blanc ou crème fera ressortir au mieux votre texte.
Si vous optez pour les couleurs, veillez à ne pas faire trop de mélanges. Pour plus de douceur et de tendresse, adoptez les teintes pastel : rose pâle, bleu clair, etc.

Et à bannir ?

Adeptes des solutions toutes faites, vous pouvez commander des faire-part sur Internet (www.art-du-papier.fr ou encore www.bebe-cards.com), mais gare aux mauvaises surprises ! Faites preuve de prudence et renseignez-vous bien avant de vous engager.

Pour en savoir plus

Histoire du faire-part

➔ À l'origine, les parents ne choisissaient pas le prénom de leur enfant et laissaient au parrain et à la marraine le soin de le faire. La tradition voulait qu'ils révèlent ce prénom le jour du baptême seulement. Avant cette cérémonie, les parents des milieux aisés présentaient à leur entourage de petites cartes de naissance indiquant le sexe de l'enfant.

➔ C'est lorsque les parents se mirent à choisir eux-mêmes le prénom de leurs enfants que le faire-part devint un petit carton de prénom. Il était accroché au-dessus du berceau par un ruban rose pour une fille et bleu pour un garçon. À cette époque, le faire-part était simplement illustré d'un texte.

→ Ce n'est qu'au XXe siècle que la carte illustrée a fait son apparition. Ornée d'un portrait du bébé, la carte comportait des espaces blancs à remplir le jour de la naissance. Aujourd'hui envoyé dans le mois qui suit la naissance du bébé, le faire-part sert à annoncer la venue de l'enfant.

101 LE PORTAGE, UN FABULEUX CORPS À CORPS

Allez, un bonus, je vous offre quelques réflexes en plus.
Le portage, vous connaissez ? Cette méthode ancestrale pour porter bébé, corps à corps, en écharpe, fait de nombreux adeptes et pourrait bien vous séduire.

Que se passe-t-il ?

Alors que le portage est répandu partout dans le monde, les parents occidentaux ont longtemps eu tendance à favoriser la poussette. Et pour cause : le célèbre sac kangourou s'est révélé rapidement inconfortable, car le corps de l'enfant n'est pas solidaire de celui du porteur. Rien de comparable avec le portage traditionnel utilisant une écharpe en coton.
Ce portage, dit « physiologique », n'est pas seulement un effet de mode. C'est aussi une position confortable à la fois pour le bébé et pour la personne qui le porte. Elle permet de maintenir bébé en appui sur ses fesses et ses cuisses, le dos non cambré et les jambes légèrement surélevées. Le porteur peut adapter l'écharpe à sa morphologie et éviter ainsi des douleurs dorsales dues à une mauvaise position. Il conserve les mains libres tout en restant au plus près

de son enfant. Les bébés portés seraient ainsi plus calmes et moins sujets aux crises de larmes.

Quelle attitude adopter ?

Pour porter bébé, vous pouvez choisir une écharpe croisée, avec de l'élasthanne, en coton bio, etc. Il n'y a pas que des écharpes. On trouve aussi des systèmes de hamacs, de porte-bébés chinois, des bandeaux pour nouveau-nés, mais aussi des systèmes plus sophistiqués, avec des sangles à régler. Dans tous les cas, ce sont des portages physiologiques qui respectent le positionnement du bassin de l'enfant. Ils répondent à un besoin précis en fonction de la corpulence du porteur, de l'âge du bébé, des déplacements prévus, et même du climat ! C'est un choix au cas par cas. La maîtrise des différents nœuds de fixation et des positions passe par un apprentissage. Le portage ne s'improvise pas ! Dans les ateliers de portage, vous apprendrez toutes les techniques pour porter votre enfant, de quelques jours de vie à 3 ans, voire plus !

Et à bannir ?

Ne refusez pas le portage sous prétexte que vous allez vous casser le dos. Ce sont les fameux sacs kangourou qui causent ce type de douleurs : les armatures provoquent un effet de cisaillement, ils se règlent difficilement et surtout, l'enfant n'étant pas vraiment solidaire de votre corps, il pèse de tout son poids en déplaçant votre centre de gravité vers l'extérieur.

Avec les autres systèmes de portage, comme l'écharpe en coton, lorsque votre enfant est bien installé, vous ne souffrez pas.

Pour en savoir plus
Idée reçue : un bébé de quelques semaines ne peut pas être porté plus d'une demi-heure

➔ Faux ! Les nouages de type « berceau » et « double croisé » permettent de porter un tout jeune bébé aussi longtemps qu'on le désire, du moment qu'il est bien installé. L'écharpe est aussi particulièrement adaptée aux petits prématurés, car elle permet de les porter en quasi-permanence pour favoriser leur développement.

➔ Sachez que les bébés peuvent être portés dès leurs premières heures de vie.

102 COMMENT L'AIDER À FAIRE FACE AU BABY-BLUES ?

Une baisse de moral après un accouchement, c'est courant. Le « baby-blues » envahit, en effet, la majorité des nouvelles mères. Cependant, s'il persiste et s'installe, il faut s'en inquiéter.

Que se passe-t-il ?

Le baby-blues touche environ 70 % des femmes après un accouchement, et plus particulièrement les primipares (première grossesse). Il débute le plus souvent à la maternité, mais peut parfois survenir plus tard, à la maison. Les manifestations sont diverses et peuvent se cumuler : inquiétude, colère, anxiété, énervement, sautes d'humeur, hypersensibilité, etc.

Il existe deux sortes de raisons au baby-blues. D'abord, des raisons physiques. La baisse brutale de la concentration de certaines hormones, l'expulsion du placenta, l'accouchement, la fatigue… autant de situations qui génèrent des troubles de l'horloge interne, et donc des émotions de la mère.

En second lieu, des raisons psychologiques : le contrecoup des angoisses précédant l'accouchement, le regret de l'état de grossesse, la difficulté à s'accepter, l'appréhension à assumer ses responsabilités, etc.

Pas de panique toutefois : si le baby-blues est surprenant, il n'est pas pathologique. Selon certains psychiatres, il serait même un passage parfois nécessaire pour marquer la fin d'une aventure et le début d'une autre. Cette forme légère de dépression permet également à la maman de faire le deuil de l'état fusionnel dans lequel elle vivait avec son bébé.

Quelle attitude adopter ?

La plupart du temps, le baby-blues disparaît de lui-même. Si votre compagne est concernée, qu'elle n'hésite pas à en parler à votre entourage. Le soutien d'une personne (mère, sœur, amie…) est nécessaire si elle sait lui offrir son écoute et son expérience.

Elle doit aussi oser demander de l'aide et vous déléguer un maximum de tâches.

Et à bannir ?

Votre compagne n'a pas à jouer à la mère exemplaire, car votre bébé vous aime tous les deux tels que vous êtes. Il ne souffre pas si vous le confiez à sa grand-mère le temps de vous accorder une pause.

Votre compagne doit se reposer, se programmer des siestes pendant le sommeil de votre enfant et s'accorder des moments de loisir. Elle ne doit surtout pas rester seule, mais n'hésitez pas à repousser les visites si elle est fatiguée.

Pour en savoir plus

Les hommes aussi ?

➔ Le baby-blues au masculin existe lui aussi. Il semblerait que cette dépression paternelle soit vécue par 4 % des jeunes pères. Si elle n'est pas prise en considération, elle pourrait avoir des conséquences à long terme sur l'enfant : hyperactivité, troubles émotionnels… Une information à manier toutefois avec prudence.

Les bonnes adresses du Web

Droits

www.ameli.fr
www.caf.fr
www.service-public.fr

Spécial papa

www.jeunepapa.com

Spécial maman

www.magicmaman.com
www.infobebes.com
www.doctissimo.fr
www.materneo.com
www.bebepassion.com

Bio

www.bebe-au-naturel.com
www.natiloo.com

Prénoms

www.bebe-prenoms.com
www.quelprenom.com
www.prenoms.com

Équipement

www.aubert.fr
www.vertbaudet.fr
www.bebeconfort.com
www.bebe-9.com
www.bebemonamour.com
www.bebedabord.com

Glossaire

Âge gestationnel

Âge de l'embryon, puis du fœtus.

Aménorrhée

Absence de règles.

Amniocentèse

Prélèvement du liquide amniotique par ponction et sous contrôle échographique. Elle permet notamment de déterminer si le fœtus est atteint de malformations génétiques.

Anémie

Fatigue due à une diminution du nombre de globules rouges dans le sang.

Automédication

Utilisation de médicaments, hors prescription médicale, par des personnes de leur propre initiative.

Baby-blues

Petite dépression traversée après l'accouchement.

Caryotype

Examen consistant à prélever des cellules afin d'établir un classement des chromosomes.

Césarienne

Intervention chirurgicale qui consiste à inciser la paroi abdominale, le plus souvent horizontalement au niveau du pubis de la future maman, afin d'extraire le fœtus.

Clarté nucale

Espace clair situé entre la peau de la nuque du fœtus et sa colonne vertébrale cervicale.

Colostrum

Premier lait très riche en anticorps.

Contractions

Désigne les actions du myomètre (muscles lisses de la paroi de l'utérus). Les contractions de travail ont pour but, en contractant l'utérus, d'aider le fœtus à venir au monde.

Couvade

Ensemble de symptômes (nausées, fringales, prise de poids) ressentis par les futurs pères pendant la grossesse de leur compagne.

Cystite

Inflammation de la vessie, le plus souvent d'origine bactérienne.

Déclenchement

Provocation artificielle du travail chez une femme ne présentant pas de signes précurseurs d'accouchement immédiat.

Diabète gestationnel

Trouble de la tolérance au glucose révélé et/ou diagnostiqué pendant la grossesse.

Dilatation

Ouverture progressive du col de l'utérus pendant l'accouchement. Elle s'effectue lentement jusqu'à 5 cm, plus rapidement ensuite.

Échographie

Technique radiologique qui consiste à envoyer, par l'intermédiaire d'une sonde, des ultrasons afin de permettre une exploration des organes de la femme enceinte et une visualisation du fœtus et de ses propres organes.

Épisiotomie

Incision du périnée pratiquée pendant l'accouchement pour faciliter la naissance du fœtus.

Masque de grossesse (appelé aussi « melasma » ou « chloasma »)

Affection de la peau qui prend la forme de plaques pigmentées de couleur marron, souvent réparties sur le front, les tempes et les joues de la femme enceinte.

PAJE

« Prestation d'accueil du jeune enfant ». Elle comprend une prime à la naissance, une allocation de base, un complément de libre choix du mode de garde et un complément de libre choix d'activité.

Pelvien

Relatif au bassin.

Péridurale

Anesthésie locale permettant à la mère de moins souffrir lors de l'accouchement. Elle se pratique au niveau de la moelle épinière et permet de garder la sensibilité sans les douleurs.

Périnée

Ensemble de muscles situés entre le clitoris et l'anus. Il fait l'objet d'une rééducation après l'accouchement.

Perte des eaux

Perte du liquide amniotique et signe précurseur de l'accouchement.

Primipare

Femme enceinte de son premier enfant.

Radiopelvimétrie

Examen radiologique effectué par radio ou scanner, permettant de préciser les dimensions du bassin de la future mère afin de déterminer si une naissance par voie basse est possible.

Rhésus

Les facteurs rhésus (Rh) sont des facteurs présents à la surface des globules rouges. S'ils apparaissent sur les globules rouges d'une personne, elle est dite de rhésus positif. Dans le cas contraire, elle est dite de rhésus négatif.

Syndrome d'alcoolisation fœtale

Intoxication de l'embryon ou du fœtus qui perturbe le développement de ses organes ; elle est due à la consommation d'alcool par la mère pendant la grossesse.

Varice

Dilatation permanente des veines, le plus souvent sur les jambes.

Vergeture

Strie cutanée qui apparaît sur la peau lorsqu'elle est soumise à une distension exagérée.

Table des matières

Remerciements

À tous les papas qui ont témoigné dans ce livre
À toute l'équipe des éditions Leduc.s
Au docteur François-Xavier Aubriot
Aux docteurs Besse et Ronan et toute la Polyclinique de l'Atlantique : sages-femmes, infirmières et puéricultrices

Dans la même collection aux éditions Leduc.s

100 réflexes future maman

Patricia Réveillaud

15 x 21 cm
256 pages
14,90 euros
978-2-84899-283-9

La grossesse est une période unique, magique, pleine de bouleversements. Pour que ces 9 mois se passent dans les meilleures conditions, *100 réflexes future maman* accompagne les femmes tout au long de leur grossesse et de l'accouchement.
Avec, pour chaque période, ce qu'il faut faire et ce qu'il faut éviter.

Dès les premiers jours de la grossesse jusqu'au retour à la maison avec bébé, des idées, des conseils, des astuces 100 % faciles à adopter !
Et de nombreux témoignages de futures mamans.

100 réflexes jeune maman

Mélanie Schmidt-Ulmann

Parution en avril 2010
15 x 21 cm
12,90 euros
978-2-84899-382-9

Dans ce guide vraiment pratique, vous découvrirez 100 réflexes vraiment utiles, à lire selon votre humeur et vos besoins du moment :

- Le bain : leçon pour nouveaux parents
- Petit mémo des rendez-vous à ne pas oublier pour bébé
- Le rôle du père au quotidien
- Contre l'épuisement maternel : à faire/à ne pas faire
- Parents et Amants
- Je redeviens sexy
- Les clés de l'alimentation de l'après-grossesse

Une mine de conseils pour guider, orienter et soutenir les jeunes mamans qui veulent être sereines, organisées et épanouies !

Pour recevoir notre catalogue, merci de bien vouloir photocopier, recopier ou découper ce formulaire et nous le retourner complété à :

Éditions Leduc.s
33 rue Linné
75005 Paris

Vous pouvez aussi répondre au formulaire disponible sur Internet :

www.leduc-s.com

NOM : ....

PRÉNOM : ....

ADRESSE : ....

....

CODE POSTAL : ....

VILLE : ....

PAYS : ....

ADRESSE@MAIL : ....

ÂGE : ....

PROFESSION : ....

Titre de l'ouvrage dans lequel est insérée cette page :

100 réflexes futur papa

Lieu d'achat : ....

Avez-vous une suggestion à nous faire ?

....

....

....

À .... LE ....

Conformément à la loi Informatique et Libertés du 6 janvier 1978, vous disposez d'un droit d'accès et de rectification aux données personnelles vous concernant.

Achevé d'imprimer en février 2010
sur les presses de la Nouvelle Imprimerie Laballery
58500 Clamecy
Dépôt légal : février 2010
Numéro d'impression : 002096

Imprimé en France

La Nouvelle Imprimerie Laballery est titulaire de la marque Imprim'Vert®